新视野·文化遗产保护论丛

博物馆的藏品保护

单霁翔 著

天津大学出版社
TIANJIN UNIVERSITY PRESS

图书在版编目（CIP）数据

博物馆的藏品保护 / 单霁翔著 . —天津：天津大学出版社，2017.9（2024. 5 重印）
（新视野 · 文化遗产保护论丛 . 第三辑）
ISBN 978-7-5618-5954-4

Ⅰ . ①博… Ⅱ . ①单… Ⅲ . ①博物馆—藏品保管—中国 Ⅳ . ① G264.2

中国版本图书馆 CIP 数据核字（2017）第 242384 号

策划编辑 金　磊　韩振平
责任编辑 李金花
装帧设计 谷英卉

出版发行 天津大学出版社
地　　址 天津市卫津路 92 号天津大学内（邮编：300072）
电　　话 发行部：022-27403647
网　　址 publish.tju.edu.cn
印　　刷 永清县晔盛亚胶印有限公司
经　　销 全国各地新华书店
开　　本 148mm × 210mm
印　　张 8.25
字　　数 200 千
版　　次 2017 年 9 月第 1 版
印　　次 2024 年 5 月第 2 次
定　　价 58.00 元

自序：把工作当学问做 把问题当课题解

“新视野·文化遗产保护论丛”出版在即，出版社嘱我写一个自序。心怀往昔，愿以时间为轴写出自己简短的感言，希望聚焦有启迪意义的文化历程，也希望表达充满真情实感的“乡愁”。

2011年8月25日清晨接到通知，我将要离开工作近10年的国家文物局，到故宫博物院工作。消息突然，没有精神准备。记得当天上午工作日程是在中国文化遗产研究院做专题报告。一路上，10年来的工作情景在脑海中闪过，想到在走向新的岗位之前，应该对以往工作进行回顾，负责任地进行工作交接，于是到会场后便放弃了已经准备好的多媒体演示内容，改为讲述参与中国文化遗产保护的体会，将近两个小时的畅谈，仍感意犹未尽，充满着回望与寻觅的思绪。

如今看来，当年的工作状态可谓“不堪回首”。就在接到通知那天之前的一周内，还经历了“南征北战”的过程：8月18日在吉林长春为市、县政府领导培训班做文化遗产保护报告；8月20日在西藏拉萨参加中国西藏文化论坛；8月21日在四川雅安参加茶马古道保护研讨会；8月23日和24日在福建福州分别参加全国生态博物馆、涉台文物保护总体规划评审，国家水下文化遗产保护中心福建基地启动，三坊七巷社区博物馆揭牌等活动。

一周数省，这就是当年常态化的工作状况。是什么力量支撑着自己一路前行？除了文物人“敢于担当、乐于奉献”的情结外，恐怕最主要的就是“把工作当学问做、把问题当课题解”的工作方法。不断出现的问题、不断凸现的矛盾和不断涌现的挑战，将时间撕裂成一块块“碎片”，甚至一天之内要进行几次“脑筋急转弯”。如果不能针对闪过的想法及时停下来思考、面对发现的问题及时静下来反思，就会陷于疲于应付、不堪重负的境地。城乡建设大规模展开的时期，必然是文化遗产保护最紧迫、最关键的历史阶段。只有“把工作当学问做、把问题当课题解”，才能在复杂的情况下，夯实基础，居安思危，防患未然；在困难的情况下，深思熟虑，心中有数，底气十足；在紧急的情况下，头脑清醒，敢于直面，坚守底线。

“把工作当学问做、把问题当课题解”的工作方法，需要持之以恒，读书、思考、写作、归纳，早已成为每天的必修课。无论是在考察途中的汽车里，还是在往返的飞机上，抑或是在家中的书桌前，以电脑为伴，将考察的感想、调研的体会、阅读的心得及时记录下来。正是因为这一次次的梳理思绪、深化认识，长期下来，居然积攒下上千万字的记录，包括论文、报告、访谈、提案，林林总总，其中既有“一吐为快”的真实感受，也有“深思熟虑”的肺腑之言，还有“临阵磨枪”的即席表达。将它们汇集起来，既是一个时期实践经验的点滴记载，也是一个时代文化遗产事业的综合纪实，还是一个文化遗产保护工作者不息生命的心灵写作。面对这些海量且繁杂的“原生态”记录，早已萌生出按照内容进行分类归纳的愿望。所幸天津大学出版社伸出援手，以“新视野·文化遗产保护论丛”为名，按照不同内容进行分辑分册，涉及文化遗产保护基础建设、文化遗产保护项目实施和文物博物馆事业发展等诸多方面。

一路走来，吴良镛教授的学术思想始终像一座灯塔照亮我前行的方向。“把工作当学问做、把问题当课题解”，源于吴良镛教授所倡导的“融贯的综合研究”理论框架。就是力图从更广阔的视野、更深入的角度，分析和梳理文化遗产之间的内在联系，探索和建立新的文化遗产类型和相应的保护方式，使制约文化遗产事业发展的重点、难点和瓶颈问题不断得以有效解决。实践证明：文化遗产保护、城市文化建设、博物馆发展，在方法上、尺度上、内容上虽然各有不同，但是三者有着共同的研究对象，三位一体进行“融贯的综合研究”，则可以呈现出中国特色文化遗产保护的新视野。

从1984年进入城市规划部门以来已经30余载，从1994年进入文物系统以来也已经20余年，其间有不少令人难忘的回忆。有幸在职业生涯的最后一站，来到故宫博物院，一方面继续享受紧张工作带来的压力和挑战，另一方面得以将几十年来积累的体会应用于具体实践。今天，更为突出的感受是，只有“把工作当学问做、把问题当课题解”，且加强全程管理，才能使每一项工作都与细节管理挂起钩来，把桩桩件件事情都做得细之又细，才能获得持续发展的后劲。

北京时间2014年6月22日15时19分，从卡塔尔首都多哈传来喜讯，在第38届世界遗产委员会会议上，中国大运河被列入《世界遗产名录》。30分钟后，跨国联合申报的“丝绸之路：长安—天山廊道的路网”也顺利通过评审。作为大运河和丝绸之路保护与申报的参与者和见证者，我格外激动和自豪。2015年5月5日，从文化遗产保护现场又传来好消息，世界文化遗产——大足石刻千手观音造像抢救性保护修复工程竣工，看到“前方”传来修复后的美轮美奂的千手观音造像影像，我激动不已。回想2008年“5·12汶川大地震”后的第8天，我们从四川地震重灾区赶到重庆大足，看望已经800岁高龄的千手观音造像，看到早已满目疮痍的文物本体又被地震殃及，当即决定开展抢救保护工作，将其列为石窟类保护的“一号工程”，如今千手观音造像再现“慈祥的微笑”，得以功德圆满。的确，每当昔日的努力成就今日的收获，都是文化遗产保护工作者最幸福的时刻。

2006年6月10日，我们曾以无比喜悦的心情迎来了中国第一个“文化遗产日”。10年的奋争，10年的坚守，10年的耕耘，10年的收获。再过半个多月，我们又将以无限期待的心情，迎来中国第十个“文化遗产日”。谨以“新视野·文化遗产保护论丛”献给这一节日，献给长期以来用智慧和汗水呵护文化遗产的文博同人，祝愿祖国的文化遗产永葆尊严；献给长期以来用真情和热心关注文化遗产的社会民众，祝中华文化遗产事业蓬勃发展。

2015年5月25日

目录

回藏的是石经　弘扬的是精神[①]

（1999 年 8 月 23 日）

北京房山云居寺石经保护工程

① 此文发表于《北京日报》1999 年 8 月 23 日，第 2 版。

房山历史悠久，文化灿烂，素以“龙的故乡”著称。其中，房山石经是我国古代佛教文化的一大宝库，是珍贵的历史文化遗产；渗透在石经之中的房山石经精神，更是祖先为我们留下的一笔无价的精神财富，是中华民族精神在优秀的地方传统文化中的具体体现。挖掘、弘扬、光大房山石经精神，在跨世纪的征程中，对我们加快改革和建设步伐，再创龙乡新的辉煌，具有十分重要的实践意义。

一、房山石经精神具有丰富的内涵，是龙乡人民宝贵的精神财富

房山石经精神的精粹和核心可以概括为十六个字：坚韧不拔，锲而不舍，一丝不苟，默默奉献。

其一，它体现了坚韧不拔的精神。房山云居寺及其石经的创始人为隋朝高僧静琬，他着眼于佛教兴亡的千秋大业，发愿建寺刻经锢藏，以备法灭，拟充经本。隋大业年间，静琬选择在范阳白带山（石经山）下锲刻石经，继而兴建庙宇，在荒山野岭中头顶日月，面对荒山，背靠茫野，一锤一錾开始了艰苦的创业历程，并终其一生为理想和事业献身。从此，云居寺刻经事业代代相承，延续千年。其间，静琬的弟子们遇到了无数难以想象的困难和挫折，但他们矢志不渝，痴心不改，刻经不止，直至夙愿实现，创建了世界上唯一的一座石刻图书馆，为人类增添了一处历史文化奇观。

其二，它体现了锲而不舍的精神。房山石经从静琬开刻起，至明末停刻，其间历经隋、唐、辽、金、元、明六朝十六代，共计1039年，是一项名副其实的千年工程。千年之间，朝代更迭，社会动荡，而锲刻石经，耗资巨大。作为一项民间事业，虽统治者也曾一度资助，但主要还是依靠刻经人自身的艰苦努力以及黎民百姓募而助之，众僧持

之以恒，代代相传，才得以饱经沧桑而终成正果。如此规模浩大、历时千载的民间工程，在世界文明史上是独一无二、绝无仅有的。

其三，它体现了一丝不苟的精神。千年风雨无阻，刻经1122部，3572卷，刻成经板14278块，总字数达3500万字之多。据专家勘查竟无一错字、漏字，字字工整、严谨，这何止是万无一失，简直是三千五百万而无一失，堪称世间的一大奇迹。石刻经板不仅块块碑石之质料、形状、大小、厚薄几近一致，而且所刻经文，行行整齐、精工雕就，疑似鬼斧神工，令人叹为观止。

其四，它体现了默默奉献的精神。在名山大川、古刹园林，古时的文人墨客、高官巨贾，或吟诗作画，或题记刻名，皆以广播墨迹、千古留名为荣。而房山石经的刻造者，经石既成则封藏石洞或深埋地穴，不图名利，一心以备法灭而已。即使今天这些经石得以重见天日，可以看到，除创始者静琬法师石刻题记留有名字外，千年之间，其继任的各代弟子罕见“碑上留名”。这种淡泊名利的无私理念及其实践，也是一种人生，一种延续千年的人生。

二、房山石经精神沉淀在社会文化之中，潜移默化地影响着一代又一代龙乡儿女

房山石经精神，作为典型的地域优秀传统文化的精华，深深地沉淀在房山的社会文化之中，扎根于房山人民群众之中，丰富了史诗般的龙乡文明史。革命战争年代，为了推翻三座大山的统治和压迫，房山人民创造了许多可歌可泣的英雄事迹。抗日战争时期，在中国共产党的领导下，房山人民创建了平西革命根据地，不屈不挠地坚持开展了对敌斗争。

中华人民共和国成立以来，房山石经精神与现代文明相融合，

在不同的历史时期，房山都涌现出了一大批社会主义建设的先进典型，对全区经济发展和社会进步起到了积极的引导和推动作用。如吴春山、徐庆文、仉振亮、田雄、孙书新、李玉芬、张明德、孙才、蔡建华、马士杰等全国先进模范，及“红色邮路”“背篓商店”、窦店、韩村河等先进典型，奏响了当代英雄赞歌的主旋律。

三、发扬光大房山石经精神，在跨世纪的征程中不断创造新的辉煌

“回藏的是石经，弘扬的是精神”。房山石经是中国古代佛教文化的重要遗产，也是中国传统文化的宝贵财富。为了抢救、保护房山石经，在新世纪来临之际，我们将于1999年9月9日将石经回藏地穴，为子孙后代留下这笔珍贵的历史遗产。房山石经精神是前人留给我们的无价的精神财富，我们要继续大力弘扬房山石经精神，并赋予其新的时代内容，从而把全区改革开放和现代化建设事业全面推向21世纪。

1. 坚韧不拔、拼搏进取，增强加快发展的精神动力。改革开放以来，房山区的经济建设和社会各项事业取得了辉煌的成就，但按照市场经济的要求和与先进地区相比，我们还面临着不少矛盾和困难，如经济结构调整的任务繁重、财力不足、管理方式粗放、发展不平衡等。为此，房山区提出了实施“三大战略”、抓好“五项重点工程”的思路，明确了今后要达到“四新”目标，并在房山区四届一次人民代表大会上通过了房山区1999—2010年经济社会发展规划。要实现这些目标，需要的是坚韧不拔的勇气和毅力。必须坚持迎难而上，拼搏进取不动摇。要坚持学习学习再学习，实践实践再实践，用现代科学技术和知识解决面临的难题，优化经济结构，发展现代农业，建设与首都经济相适应的房山区域经济。

2. 锲而不舍、开拓创新，创造性地抓好各项工作的落实。目前，全区的大政方针已定，关键是锲而不舍，狠抓落实，努力实现既定目标。要坚持发挥房山的资源、人文、区位优势；要坚持深化改革，调动和激发广大干部群众的思想活力与创新精神；要继续在全区范围内广泛开展引技术、引人才、引资金等活动，以开放促开发，以引进促发展。

3. 一丝不苟、争先创优，将质量兴业、精品战略贯彻始终。随着经济全球化和市场国际化步伐加快，竞争愈来愈激烈。对此，我们要坚持一丝不苟、质量兴业的精神，在提高产品的质量和效益上下功夫，彻底改变乡镇企业粗放经营、产品傻大黑粗的状况，进一步强化以质量求生存、以创新求发展、以名牌精品创效益的意识，依靠科技进步和科学管理，努力创造一流的企业，一流的产品。一方面，集中精力把良乡建成首都的卫星城精品，另一方面，大力发展“名特优新”产品。建筑业要坚持“质量兴业”，实施名牌战略，多创“长城杯”、争创鲁班奖；建材业要在提高水泥标号及稳定质量、加快墙体材料改革的同时，积极开发室内装修、高档装修、生态装修等装饰材料，建设全国闻名的“建筑之乡”“建材之乡”。

4. 默默奉献、求真务实，努力塑造新时期房山劳动者和创业者的良好形象。空谈误国，实干兴邦。一万四千余块石经是一锤一钎刻出来的，而我们的事业更需要76万房山人民一步一个脚印去奋斗。我们要带头艰苦奋斗，埋头苦干，用自己的汗水和心血去换取成效，绝不能图虚名，浮夸虚报。我们的宗旨就是全心全意为人民服务，不图任何个人利益。我们要如同当年的刻经人一样，不图个人名利，只图事业成功，不思报酬，甘于奉献。同时，我们还要千方百计调动广大群众的积极性、创造性，把求真务实、默默奉献变成千百万群众的自觉行动，与我们一起同心同德，共同奋斗。

关于进一步做好海外珍贵文物抢救工作的提案①

（2006年3月）

中国是世界上历史最悠久的国家之一，有丰富的文化遗产。然而，中国也是世界上文物流失最为严重的国家之一。在世界上数十个国家的上百个博物馆中，都收藏有大量的中国文物。这其中有一部分是通过正常渠道传播到海外的，但绝大部分是通过战争劫掠、盗窃走私或其他非法途径流失出去的。

对于散失海外的珍贵文物的追索和征集，国家历来给予高度的重视。我国政府积极响应并加入了《关于禁止和防止非法进出口文化财产和非法转让其所有权的方法的公约》《关于被盗或者非法出口文物的公约》《保护世界文化与自然遗产公约》和《保护非物质文化遗产公约》等四个有关文化遗产保护的国际公约，通过国际合作，依法从境外追索因劫掠、盗窃、走私或通过其他非法途径出境的文物。同时，又设立了国家重点珍贵文物征集专项经费，重点征集历史上因其他原因流失出境的具有重大历史、艺术和科学价值的文物。近年来，随着国家综合实力的增长和民众物质文化生活水平的提高，国内外文物市场出现了国内企业、民间团体乃至个人参与收购流失

① 此文为在全国政协十届四次会议上的提案，联名提案人：姚珠珠、李延声、李羚、龙瑞、罗天婵、赵青、莫德格玛、吴江、王铁成、袁熙坤、张文彬、夏燕月、安家瑶、苏士澍、陈漱渝、盖山林、鲍国安、王馥荔、克里木、白淑湘、李双江、叶惠贤、董良翚、吴雁泽、李谷一、徐庆平、赵喜明、谭利华、阿拉泰、张贤亮、王兴东、盛中国、魏明伦、张平、李致忠、王铁城、赵汝蘅、陈燮阳、冯小宁、樊锦诗。

海外中国文物的热潮。

面对新情况，如何充分发挥政府部门的引导作用，规范民间组织的征集行为，进一步做好海外珍贵文物回流工作，建立一种健康有序的海外文物回流机制，已成为一个需要面对的新课题。为此，现提出以下几点建议，请有关部门给予关注并研究支持。

俄罗斯圣彼得堡艾尔米塔什博物馆展览陈列

（一）进一步加大国家重点珍贵文物征集经费投入力度

自2002年起，财政部与国家文物局设立了国家重点珍贵文物征集专项经费，每年拨付经费5000万元，专门用于支持国家文物局征集境内外特别是境外具有重大价值的、亟须由国家收藏的珍贵文物。四年来，共征集各类珍贵文物203件(套)，珍贵皮影文物6万件，总价值1.5亿元人民币。一些征集文物已经进入博物馆充实馆藏，并进行重点展示。征集的7件龙门石窟文物回归世界文化遗产地龙门石窟，引起了社会的广泛关注，取得了良好的社会效益。

但是，每年5000万元的征集经费相对于大量需要征集的珍贵文物来说，还是相当有限的，特别是遇到大宗成批珍贵文物，更显得杯水车薪。即使是对于非法流失出境的珍贵文物的依法追索，按照有关国际公约，也要对善意的购买者给予公正合理的补偿，整个追索过程花费高昂。因此建议进一步加大经费的投入力度，如近期将每年征集经费增加到1亿至2亿元人民币，确保国家在海外文物征集中的主导地位，充分发挥项目经费的引导作用，促进国家重点珍贵文物征集工作健康有序地开展。

（二）加强国际合作，与相关国家积极签署有关文化遗产保护的双边协议

通过加强国际合作，在国际公约的框架下进一步与相关国家签署有关文化遗产保护的双边协议，是促进非法出境文物回流的主要渠道。近年来，我国通过外交谈判，与秘鲁、意大利签订了关于禁止文化遗产非法入境的双边协议，与美国等一些国家的双边协议谈判也在进行之中。但是与我国境内文物被盗掘、盗窃、走私出境的严峻形势相比，我国在国际公约的具体落实措施、建立有效的国际合作机制方面还需进一步加大力度。建议我国驻外机构积极就签署文化遗产保护的双边协议问题与有关国家进行商洽，加强国际政府间的协作，加强双边及多边合作，推动相关工作的开展，从而通过国际合作打击非法贩运文物、促进文物合法返还。

（三）把握舆论导向，正确引导民间海外文物征集活动在国际公约框架内进行

近年来，一些企业和个人通过购买的方式购回流失海外的中国文物，其动机和热情是值得肯定的。但应当明确的是，促进海外流失文物的回归，应当严格在我国法律和国际公约的框架下进行。对中华人民共和国成立之前流失的中国文物，应在坚持依照有关国际公约积极索还的前提下，鼓励善意持有人以捐赠方式将这些文物返还中国，中国政府将给予合理的经济补偿；对中华人民共和国成立以后非法盗掘、盗窃、走私出境的中国文物，应在中国法律和有关国际公约框架下，通过国际刑警组织等协作渠道，加大追查力度，并对涉案团伙和不法分子予以坚决打击；着力控制对高喊民族大义，不分青红皂白的“购赃”行为片面炒作，避免引发和刺激盗窃、走私文物的不法行为。

为此，应加大相关政策、法律的宣传力度，大力宣传我国文物保护的方针、政策和法律法规；大力宣传有关保护文化遗产的国际公约和国际法规；大力宣传国内外追索和返还被劫掠、盗窃、走私出境文物的成功案例，在肯定和保护民间征集海外文物热情的同时，倡导将社会资金纳入到我国法律和国际公约的轨道上来，确保其发挥更加积极的社会作用。

在“成功追索流失海外的中国文物展”开幕式上的讲话

（2008 年 6 月 12 日）

“成功追索流失海外的中国文物展”开幕仪式

在一年一度的中国“文化遗产日”来临之际，由文化部、国家文物局、外交部、公安部联合举办的“成功追索流失海外的中国文物”专题展览今天隆重开幕！

在人类文明的发展历程中，各族人民创造和传承了丰富多彩、各具特色的文化遗产，凝聚形成了文化遗产与原属地民众之间无法割舍的文化联系，成为文化遗产核心价值的重要元素。因此，打击盗窃、盗掘和非法贩运文化财产是各国政府义不容辞的责任，更是维护国家文化主权和文化安全、保护文化多样性的必然要求。

我们欣喜地看到，保护文化遗产和促进流失文物归还原属国，已经成为国际社会的共识和期望。联合国教科文组织 1970 年《关于禁止和防止非法进出口文化财产和非法转让其所有权的方法的公约》和国际统一私法协会 1995 年《关于被盗或非法出口文物的公约》，正是这种共识的集中体现。

中国是历史悠久的文明古国。但是近代以来，大批中国文物被劫掠并非法盗运出境，使中国的文化遗产遭受了严重的毁坏和流失。中国政府为追索非法流失文物做了大量工作，先后加入了联合国教科文组织 1970 年公约和国际统一私法协会 1995 年公约，与秘鲁、印度、意大利、菲律宾、希腊、智利、塞浦路斯等国签署了防止盗窃、盗掘和非法进出境文物的双边协定，通过国际合作多次成功追索了非法流失境外的中国文物。

在追索过程中，中国政府各有关部门高度重视，密切配合，初步形成了外交、公安、司法、财政、文化、海关、文物等多部门联合开展文物追索的工作机制。海外华人华侨以各种方式积极促成流失文物回归祖国，为国家做出了重要的贡献。有关国家和博物馆等机构切实履行国际公约的要求，将走私出境的中国文物依法归还中国政府，为文物返还国际合作提供了良好的范例。

在此，请允许我向长期以来关心和推动中国文物追索工作的各有关部门、专家学者、社会各界朋友、海外华人华侨，向理解和支持中国文物追索工作的有关国家、联合国教科文组织和国际友好人士，致以崇高的敬意和衷心的感谢！

“文化遗产日”是广大民众体验和保护文化遗产的重要节日。

我们在“文化遗产日”举办本次展览，集中展示中国近年来争取文物返还的主要成果，期待唤起全社会对文物追索工作的关注和支持，促进文物追索领域的国际合作。在欣赏这些历经坎坷的古代艺术精品、感受久别重逢的喜悦之时，我们更加牵挂那些仍然流离海外的中国文物的命运。

我们相信，在社会公众的广泛支持下，中国有关部门将进一步加强协作，坚决打击盗窃、盗掘、走私文物犯罪活动，建立和完善多部门参与、快速反应的文物追索长效机制。在国际公约的框架下，继续深化与有关国家、国际组织在文物追索方面的国际合作，积极促成更多流失海外的中国文物回归祖国！

在中国文字博物馆文物展品征集工作协调会上的讲话

（2009 年 8 月 7 日）

中华文明历史悠久，各民族语言文字源远流长，丰富多彩，是中华民族传统文化的重要载体。中国文字博物馆的建立是当前文化建设的一件大事，不仅填补了我国博物馆建设中的一项空白，还将充分展示中国文字在推动人类社会文明进步中的重要作用，对于全球化背景下保护和弘扬中华民族优秀文化、传承中华文明、构建中华民族共有精神家园具有十分重要的意义。

国家文物局对中国文字博物馆陈列大纲编制、文物展品征集工作进行了重点研究和协调。2008 年 7 月 23 日，国家文物局印发《关于请支持中国文字博物馆征集文物展品的函》，同年 8 月 1 日召开专题协调会，要求各地积极协助中国文字博物馆开展文物资料的征集工作。同时，与财政部有关部门积极协商，列出专项解决该馆文物征集经费问题。2009 年 1 月，国家文物局与国家博物馆、中国社会科学院、故宫博物院协商文物征集事宜；同年 3 月 4 日，国家征集的 8 件珍贵青铜器正式移交中国文字博物馆收藏，成为该馆藏品征集工作的良好开端。2009 年 7 月下旬召开的全国文物局长座谈会，再次对中国文字博物馆文物征集工作进行了协调。文物藏品是博物馆赖以存在和发展的物质基础和前提条件，博物馆围绕其独特的性质、宗旨和使命制订收藏政策、确立收藏标准、加强文物藏品征集，不断充实和完善藏品体系，是博物馆的基本任务。

中华民族源远流长，成员众多，中华文明连绵不绝，博大精深，造就了中国文字及其载体、表现内容和形式的丰富多彩，纷繁复杂，决定了中国文字博物馆藏品内容的复杂性及收藏任务的艰巨性。因此，中国文字博物馆的藏品来源除了依托河南省、安阳市的有限收藏外，还要在全国各地乃至海外有计划、有目标地收集。

在全国各地文物行政部门和文物收藏单位以及社会各界的大力支持下，中国文字博物馆紧紧围绕办馆宗旨和展览主题，确定收藏政策、入藏标准和征集工作方向，立足博物馆筹建、落成阶段陈列开放的基本需求，依据陈列大纲明确了具体展品清单和征集方案，正在努力落实一批能够支撑展示体系的文物展品，取得了重要的阶段性成果。但是，与中国文字博物馆陈列的基本需求相比，还存在数百件文物展品的缺项，已经影响到了布展工作按计划推进。中国文字博物馆拟于 2009 年底正式开馆，解决展品来源已是燃眉之急，任务十分艰巨。

为保障中国文字博物馆能够顺利开馆，请各地文物行政部门和有关博物馆等文物收藏单位务必顾全大局，对中国文字博物馆的文物展品征集工作切实给予高度重视，提供有力支持和帮助，要立足现实，加强协作，创新工作机制，努力把这件事情办好。

一是各省文物行政部门要指定专人负责本行政区域内中国文字博物馆文物展品征集的协调工作。二是要努力发挥行业主管部门的作用，增强服务意识，加强组织协调，对照中国文字博物馆所提供的文物展品征集清单，积极为本行政区域的有关文物收藏单位的联系、接洽提供便利条件，促成合作。三是鼓励和支持本行政区域有关文物收藏单位依据《中华人民共和国文物保护法》（下文简称《文物保护法》)，强化和积极实践资源共享的理念，灵活运用借展、交换、联合办展、有偿调拨、提供复制等方式为中国文字博物馆提供所需文物展品。四是中国文字博物馆要进一步研究现有清单中文物展品对于陈列的不可或缺性和替代性，科学确定征集清单。在此基础上提高工作的主动性，积极加强与相关省份文物行政部门和文物收藏研究机构的联系沟通，进行友好协商，努力争取支持。五是中国文字博物馆借用文物，务必签订和履行合同协议，确保文物安全。六是中国文字博物馆对各地帮助提供文物展品，要按照市场机制给予必要的经费补偿。

中国文字博物馆的建设承载着中华儿女的厚望，凝聚着社会各界和建设者的心血。我们一定要进一步提高认识，增强责任意识，群策群力，将这一重点工程建设成为精品工程。

在全国妇女儿童文物藏品征集工作会议上的讲话

（2006年11月11日）

非常高兴能够有机会出席全国妇女儿童文物藏品征集工作会议，与来自全国各地妇联和文物部门的同人们共商中国妇女儿童博物馆建设与发展的相关问题。

博物馆是一个国家和一个民族文明程度的重要标志，在提高公众文化素质、国家文化竞争力乃至综合国力等方面都具有不可或缺的重要作用。1905年，我国著名的民族实业家张謇创办了中国最早的博物馆——南通博物苑。此后100多年来，伴随着国家的不断强大和社会的不断进步，中国博物馆事业已从蓓蕾初放发展为鲜花满园，日益显现出蓬勃向上的生机与活力。目前我国的博物馆总数已有2300多家，年参观人数超过1.5亿人次，为保护中华民族优秀的历史文化遗产、弘扬中华民族的传统美德做出了积极的贡献。

今天，博物馆事业的发展方向，就是要加强资源整合利用，加大社会多元投入，努力把我国的博物馆建设成为以政府支持为主、民众广泛参与、社会贡献率高的公共事业，更好地满足广大民众的精神文化需求。建设中国妇女儿童博物馆，是中国妇女儿童事业发展史上的一件大事，也是国家文化事业发展中的一件大事，更是占我国人口60%以上的广大妇女儿童的心声。它不仅提供了一个传播优秀民族文化、展示中国妇女儿童风采和事业发展成就的新窗口，而且开辟了博物馆建设与发展的新阵地，填补了我国博物馆事业发展中的一项空白。我相信，建成后的中国妇女儿童博物馆将在传承我国妇女儿童文化遗产、展现新时期妇女儿童的精神风貌、弘扬民族精神、繁荣文化事业、促进社会和谐等方面，发挥积极的推动作用。

中国妇女儿童博物馆

国家文物局对中国妇女儿童博物馆的筹建工作高度重视，多次就此项工作进行专题研究，达成共识。去年我们与全国妇联等 6 部委联合发出了《关于征集中国妇女儿童文物的通知》，面向全国文物博物馆单位做出工作部署。国家文物局博物馆司与全国妇联有关部门多次交换意见，协商工作，各省区市文物部门也积极配合各地妇联开展文物征集工作。应当说各文物博物馆单位与各地妇联的合作开端良好、进展愉快，并取得了一定的成效。下一步我们还要进一步加深和拓展相互间的合作，共同努力做好中国妇女儿童博物馆的文物征集工作。

下面，我想就各地文物部门、文物博物馆单位如何提供支持，配合各级妇联开展文物征集工作，谈两点具体意见。

一是要高度重视中国妇女儿童博物馆的文物征集工作。

近年来，我国博物馆事业蓬勃发展，各类专题博物馆的建成和开放，调整和改善了我国博物馆业发展的整体格局，填补了不少空白。令人遗憾的是，在现有的2300多家博物馆中，还没有一家以妇女儿童为主题的国家级专题博物馆。这与中华民族五千年的文明史、与中国妇女儿童在我国历史上的地位和作用很不相称。中国妇女儿童博物馆作为我国第一家以妇女儿童为主题的国家级博物馆，是一项具有开拓意义的填补空白的项目。中国妇女儿童博物馆建设在首都的中心区域，又是北京市十大重点工程项目之一，意义重大，影响深远。做好中国妇女儿童博物馆的文物征集工作，既是妇联的事情，也是我们文物博物馆单位的分内之事。

我国是一个统一的多民族国家，历史悠久，文化灿烂，疆域辽阔，资源丰富，各时期、各地区和各民族在自然状况和社会发展进程方面，既有同一性，又有各自的特点，这些特点构成了建设不同类型博物馆的基本条件。由于各个博物馆的条件、任务和性质不同，其工作的开展也各有特色和局限，从而决定了馆与馆之间广泛存在的互补性，也决定了整合文物展品资源、实现共赢发展的重要性。多年的实践充分证明，凡是取得成功的大型博物馆建设，凡是在国内外产生广泛影响的重大展览项目，都离不开众多文物博物馆单位的共同参与和相互支援。相比而言，中国妇女儿童博物馆的建设目前正处在文物展品相对匮乏的初创阶段，迫切需要妇联系统和文物系统加强协作，在展品筹集和展示开放方面相互支持，共谋发展。

文物征集是博物馆建设的生命线。中国妇女儿童博物馆白手起家，没有任何藏品基础，现在距开馆只有一年多时间了，筹建工作中最大的困难、最紧迫的任务就是文物征集。这一问题的解决，关乎中国妇女儿童博物馆的建设质量和可持续发展，要靠各级妇联的积极努力，要靠全社会的关心支持，也要靠各级文物部门的积极参与和帮助。各级文物部门和文物博物馆单位，特别是大型综合类博物馆一定要伸出热情的双手，全力支持、配合全国妇联做好中国妇女儿童博物馆的文物征集工作。要高度重视，提上日程，研究举措，把支持、帮助做好中国妇女儿童博物馆文物征集的各项工作落到实处。

全国妇联的老大姐们敢想敢干，善于学习，勇于创新，能够在这么短的时间内，拉开文物征集工作的序幕，令人敬佩。文物征集工作是博物馆的基础工作，希望你们发挥自身的组织优势和协调优势，加强与有关部门的联系合作，依靠专家和专业人员的力量，以负责的精神、科学的态度、严谨求实的作风，扎实推进文物征集工作的开展。

二是要发挥文物博物馆单位的专业特长和资源优势，为做好妇女儿童文物征集工作提供积极的指导、帮助和支持。

文物博物馆单位对妇女儿童文物征集工作的支持、帮助可以从两个主要方面着手：一是加强对文物征集工作的专业指导；二是促进文物资源的整合利用。

文物征集是一项专业性、技术性很强的工作，必须在有关专家的直接参与和指导下进行。各级文物部门和有关文物博物馆单位应充分发挥这方面的专业优势，积极主动地与各地妇联联系沟通，一起认真研究本地区的历史发展、重要事件和妇女儿童地位状况，研究本地区妇女儿童文物特色，提供当地博物馆的收藏情况，明确本地区的文物征集重点，完善征集方案，协助做好等级文物征集和民间文物采集工作。同时，可以指定专人或推荐专家参与本地区妇女儿童文物征集工作，并对相关人员进行业务培训，在文物鉴定、保管、登记、运送等方面，给予具体帮助和指导。此外，各地文物博物馆单位还要把协助中国妇女儿童博物馆开展好文物征集工作当作加强馆际协作、形成群体优势的良好契机，与这座国家级专题博物馆建立互惠互利的长期合作机制，相互借用、交换文物展品和专业学术成果，共同举办联展和互换展览，不断扩大社会效益，逐步形成促进事业发展的群体合力。

我国历史悠久，素有收藏文物的传统，流散在民间的文物较为丰富。各级文物行政部门和博物馆要按照《文物保护法》及其实施条例的相关规定，围绕中国妇女儿童博物馆新馆陈列的需求，结合本馆文物藏品的实际情况，立足于支持和帮助中国妇女儿童博物馆解决文物征集工作中的迫切问题，采取行之有效的措施，通过合法的调拨、借用和复制等手段，促进本馆与中国妇女儿童博物馆之间的馆际交流和资源整合，使这些文物能够在长安街上、在更高的展示平台上熠熠生辉，得到最好的展示、研究和利用，发挥更大的社会效能。这也是我们为妇女儿童，为我们的母亲、妻子和孩子贡献的一份力量。各地妇联也要主动跟进，与当地文物部门特别是各有关博物馆密切联系，及时沟通协商，争取更大的支持和帮助。

中国妇女儿童博物馆的建设给我们提供了一个相互学习、取长补短、密切合作、增进友谊的好机会。希望文物博物馆单位要发挥优势，与各地妇联携起手来，共同推进文物征集工作的开展。我相信，在社会各界的大力支持下，中国妇女儿童博物馆一定能实现其现代化、特色化的建设目标，成为首都北京一颗璀璨的明珠，为我们的子孙后代造福，为迎接 2008 年奥运会添上浓墨重彩的一笔！

在“子龙鼎”等珍贵文物入藏国家博物馆交接仪式上的讲话

（2006年12月9日）

“子龙鼎”等珍贵文物入藏国家博物馆交接仪式

今天，我们怀着激动的心情见证商周青铜器中的瑰宝“子龙鼎”等珍贵文物正式入藏中国国家博物馆，这是我国文化遗产保护事业的一大盛事。

今年“文化遗产日”期间，国家文物局与财政部、文化部联合举办了“文化遗产日特别展览”，刚刚征集回国的子龙鼎在展览上亮相，吸引了广大观众与媒体的视线。究其原因，一是因为子龙鼎本身具有极其珍贵的历史、艺术、科学价值，得到了参与征集鉴定工作的国家文物鉴定委员会委员们的一致认可；二是子龙鼎的成功回归充分体现了国家保护文化遗产的决心和力度，也极大地激发了社会民众对保护祖国文化遗产的热情。

中国政府历来重视流散文物的征集保护工作，中华人民共和国成立初期在国家外汇极度匮乏的情况下，曾拨巨资抢救了《五牛图》《韩熙载夜宴图》等珍贵文物。近年来，国家文物局在中央财政的大力支持下，设立了专项经费，及时抢救保护了一批国家重点珍贵文物，补充和丰富了国有博物馆的馆藏。

子龙鼎入藏中国国家博物馆是其最好的归宿，我们希望国家博物馆能充分利用学术资源优势，加强对子龙鼎等珍贵文物的保护和学术研究工作，通过深层次的研究及对研究成果的展示，充分发挥博物馆的社会教育功能，推动我国文化遗产保护事业的发展。

关于改善博物馆馆藏文物保护条件的提案[1]

（2007 年 3 月）

博物馆馆藏文物保护工作是博物馆一项重大基础性工作。近年来，尽管馆藏文物保护工作取得了较大成绩，但还远未适应博物馆事业发展的需要。全国博物馆普遍存在库房面积不足、文物保存设施短缺、不具备应有的藏品保护环境、修复保护专业力量薄弱、技术推广乏力等问题，据国家文物局“馆藏文物腐蚀损失调查”课题研究成果显示，我国现有 270 多万件馆藏文物均存在不同程度的损害，占全国馆藏文物总数的 25%，其中：重度损害的有 64 万多件，占全国馆藏文物总数的 5.8%；中度损害的有 77 万件，占全国馆藏文物总数的 8.8%。受损文物中，一级文物有 3041 件，占全国一级文物数量的 5%；二级文物有 7.3 万件，占全国二级文物数量的 7.2%；三级文物有 20.4 万件，占全国三级文物总数的 9%。且馆藏文物损害的趋势仍在继续。造成上述情况的主要原因有如下三点。

① 此文为在全国政协十届五次会议上的提案，联名提案人：樊锦诗、安家瑶、陈漱渝、刘庆柱、杨力舟、夏燕月、赵汝蘅、艾青春、董良翚、克里木、李延声、舒乙、冯骥才、靳尚谊、徐庆平、李燕、张平、杨匡满、王兴东、杨一奔、陈祥福、李谷一、潘震宙、敖德木勒、叶惠贤、阿拉泰、李致忠、陈晓光、翟泰丰、张贤亮、王洪华、魏明伦、汪毅夫、贺捷生、麻建国、于友先、赵宝江、漆林、谢广祥、谢经荣、李羚。

（一）馆藏文物保存、展示环境条件简陋

就目前的情况来看，不少博物馆库房面积偏小，保管设施简陋。不少博物馆展厅的条件也不符合保护标准，无法控制文物存放所需的温湿度、光照、空气等环境因素及提供必要的安全防范措施，不具备应有的藏品保护环境。如作为中国邮政标志的《驿使图》画像砖，因存放环境的湿度过高，画面人物已经漫漶不清；青州市博物馆一级文物明代赵秉忠状元试卷因无防紫外线设施，出现字迹褪色。据不完全统计，在我国受损馆藏文物中，因空气污染、温湿度变化、光照、扬尘和微生物等自然因素造成损害的有 249 万多件，占受损文物总数的 92.2%。

江西婺源博物馆

（二）馆藏文物修复科技保护力量薄弱

除上海博物馆、辽宁省博物馆等一些大型博物馆设有文物保护实验室、文物修复室等文物保护内设机构外，大部分博物馆尤其是中小型博物馆并没有真正意义上的文物保护实验室、文物修复室等保护设施和专门部室，即使设有文物保护内设机构，其专用设备也不能满足需要，无法达到文物修复的基本条件。

科技是馆藏文物保护管理的主要手段。目前，虽然国家文物科技保护重点科研基地和部分省级以上博物馆在一些门类文物的科技保护技术上取得了一定的成果，但是大多数博物馆普遍技术力量薄弱，缺乏专业人才，成熟的保护技术未能得到有效推广和应用。

（三）馆藏文物保护资金投入严重不足

当前，馆藏文物本体保护经费投入不足成为馆藏文物保护工作的制约因素。按照前述“馆藏文物腐蚀损失调查”课题研究数据，全国约有 70 万件 (套) 文物亟须保护修复，以每件 (套) 一万元计算，保护费用就需 70 亿元。而“十五”期间中央财政每年用于藏品科技保护的费用仅一千多万元，显然杯水车薪。而这些馆藏文物每年因腐蚀所造成的损失巨大，远远大于每年所投入的资金。

因此，改善馆藏文物保护条件，抢救濒临灭失的馆藏文物，并使之传承久远，已成为迫在眉睫的当务之急。为此，提出以下建议。

1. 建议国家发展改革部门和财政部门进一步加大经费投入，实施馆藏文物保存环境达标项目，加强以博物馆文物库房、博物馆展厅为核心的抢救性文物保护设施建设，对现有库房和展厅不符合使用要求的，应有计划地实施改造，改善文物保存条件，还应进一步完善馆藏文物的安全设施，提高安全技术防范水平，使库房温湿度、空气质量、照度、柜架囊匣等达到规定标准，满足馆藏文物对保存环境的需求。

2. 建议国家财政部门和地方各级财政部门加大馆藏文物保护资金投入的力度，提高馆藏文物本体修复保护的中央补助专项经费和地方配套经费额度，提高馆藏文物修复保护的数量和质量。

3. 建议国家制定和实施相关馆藏文物科技保护规划，加大投入，支持地市级以上博物馆建立文物保护实验室、文物修复室，充实专业技术人员，真正发挥科技对馆藏文物保护的支撑作用。

在郭修圃先生文物捐赠仪式上的讲话

（2007 年 9 月 20 日）

今天，在全国政协隆重举行全国政协委员郭修圃先生文物捐赠仪式，这是一件非常有意义的事情。

郭修圃先生捐赠的这批文物标本，是历年在海外收集所得，经专家初步鉴定，属于珍贵文物的达 80 件之多。众所周知，由于历史的原因，我国珍贵文物流失海外的现象比较严重。流落海外的中国文物，除具备历史、科学、艺术价值之外，还因为它们与中华民族盛衰荣辱的密切关联而特别牵动人们的情感。让流失海外的珍贵文物回家，是所有中国人和热爱中华文明的人们长久以来难以释怀的情结。

我国政府为此开展了大量工作。一方面，1996 年我国签署了《国际统一私法协会关于文物返还的公约》，郑重声明我国保留对历史上被非法掠夺的文物的追索权利，通过外交手段和法律途径，已成功将河南巩义宋永泰陵前的客使头像、河北曲阳王处直墓被盗浮雕等一批重要文物追索回国；另一方面，财政部、国家文物局自 2002 年专门设立了“国家重点珍贵文物征集专项经费”，成功抢救了“龙门石窟流失佛雕”“子龙鼎”“陈清华、陈国朗藏书”等一大批流失海外的珍贵文物。然而，面对动辄天价的珍贵文物，有限的财政拨款无异于杯水车薪，现阶段国家只能重点收购少量有代表性的、价值极高的文物珍品。

在这种情况下，海内外有识之士的捐赠和返还义举，成为促成珍贵文物回流的有效途径，其中，我们的政协委员起到了重要的表率作用。2003 年，全国政协常委、香港信德集团董事局主席何鸿燊博士无偿捐赠了圆明园流失文物。2004 年，全国政协常委、香港中华总商会副会长张永珍女士，向上海博物馆无偿捐赠了“清雍正官窑粉彩蝠桃纹橄榄瓶”。今天，全国政协委员郭修圃先生又将多年来在世界各地搜求所得的 147 件文物及标本送回祖国，无偿捐赠给国有收藏单位。正是这一桩桩令人感动的爱国义举，让国家和民间、个人的力量融合在一起，汇成了祖国文物涌动的回归暖流。

可以说，郭修圃先生今天的捐赠义举，体现的不仅仅是先生个人的高尚情怀，其背后所彰显的是海内外有识之士对祖国文化遗产的无限热爱与无私奉献。在这里，我代表国家文物局，对郭修圃先生，对所有关心热爱文化遗产、无私奉献文化遗产的各界人士，表示衷心的感谢！

在今天这个特别的场合，我还要代表全国的文物工作者，向全国政协、向全体政协委员表示特别的谢意。长期以来，全国政协对文物工作给予了高度的关注与持续的支持。特别是近年来，随着经济全球化趋势和现代化进程的加快，我国的文化生态正在发生巨大变化，文化遗产及其生存环境受到严重威胁，文物盗掘、走私等犯罪行为严重，引起了全国政协和各位委员的高度重视。从国家正式设立“文化遗产日”，到《长城保护条例》《国家历史文化名城（名镇、名村）保护条例》正式进入立法程序；从世界文化遗产管理体制调研，到大运河整体保护；从为文化遗产保护奔走呼吁，到无私捐赠文物义举，无不凝结着委员们的心血。今天，郭修圃先生文物捐赠仪式的举行，就是全国政协委员奉献精神的集中体现，我们由此受到鼓舞。我们将用更加努力的工作，回报全国政协委员对文化遗产保护的关心与支持。

“国宝”回家任重道远[1]

（2008 年 1 月 20 日）

作为历史悠久的文明古国，我国蕴藏着丰富的地上、地下文物资源。19 世纪后半叶至 20 世纪百余年的时间里，我国历史文化遗产的散失毁坏难以计数。“英法联军”对“万园之园”圆明园进行的野蛮掠夺和焚烧，“八国联军”在北京对皇室珍宝的疯狂劫掠，斯塔因、斯文·赫定、伯希和、大谷光瑞等人打着“文化考察”“地理探险”的幌子，对我国西北地区的石窟、壁画和古文化遗产进行的肆意盗窃和非法挖掘，加之敌寇劫掠、战火损毁、奸商盗运，使中华文物遭受了前所未有的浩劫。辛亥革命之后，末代皇帝溥仪又携大量珍贵的宫廷藏品北上，途中的变卖加上在伪满皇宫中被士兵哄抢致使 1200 余件宫廷文物精品绝大部分流失海外。1928 年，清东陵陵寝被军阀孙殿英率部野蛮盗掘，墓中所聚国之瑰宝被洗劫一空，绝大部分被孙殿英用于购买军火而散佚异域他乡。日军侵华战争给我国的文化遗产带来了一场浩劫。这一时期最为严重的是北京猿人头盖骨的失踪。据 1945 年 11 月建立的“清理战时文物损失委员会”的不完全统计，日军侵华战争期间仅从中国掠走的文物至少有 3607074 件又 1870 箱，绝大多数至今没有归还。

中华人民共和国成立初期，国家颁布了《禁止珍贵文物图书出口

① 此文发表于《中国政协》2008 年第 1 期，第 62 页，2008 年 1 月 20 日出版。

暂行办法》《文物保护管理暂行条例》等一系列保护文物的法规法令，逐步建立起一套以文物部门为主，公安、海关、工商等多部门联合的文物安全保卫和流通秩序维护的行之有效的管理体制，结束了我国文物大量流失的历史。但是，20世纪80年代中期以后，为牟取暴利而盗掘古墓葬、古遗址和盗窃文物，非法交易并将其走私海外的犯罪行为，对我国的文物安全构成极大威胁，造成了新一轮的文物流失。

作为国际社会的一种共识，被非法转移的文物应该尽可能地归还给原产国。因为文物是一个国家或者民族的象征，是一个国家或者民族历史的见证。更重要的是，文物是一种不可再生、复制和替代的资源。所以，国际社会做出许多努力，来遏制和打击对文物的盗窃、非法挖掘和贩运以及任何形式的破坏，积极促进被非法转移的文物返还原产国以及原所有人。在二战即将结束之时，为了避免对被占领土造成更严重的财产毁坏，1943年，同盟国在伦敦发布了《反对在被占领土从事掠夺行为的宣言》。该宣言宣布：一切被占领土上财产的转移、交易行为均属无效，不管这种转移或交易采取公开掠夺还是合法的形式，即便它们被赋予了“自愿”的形式也是无效的。中国作为同盟成员签署了该宣言，也就是说，中国保留战后追究战争期间被掠夺、转移财产，包括掠夺、转移文物的行为的权利。

二战结束后，国际社会认识到文物在战争中遭受到严重的破坏，决定采取一切必要的措施保护文物免受战争的威胁。1954年联合国教科文组织制定了《关于在武装冲突情况下保护文化财产的海牙公约》。该公约第4条及其议定书都禁止在武装冲突情况下对另一缔约国文化财产的盗窃、盗用、掠夺和任何形式的破坏行为。此外，1970年联合国教科文组织《关于禁止和防止非法进出口文化财产和非法转让其所有权的方法的公约》和1995年国际统一私法协会《关于被盗或者非法出口文物的公约》都明确要求缔约国采取一切必要措施禁止和防止进口从他国被盗和非法出口的文化财产，防止其所有权的非法转让，并采取适当措施收回和归还此类文化财产。

瑞典斯德哥尔摩东方博物馆

为了弥补上述公约无追溯力的缺陷，近年来教科文组织又积极倡导提出了二战文物返还等方面的一些基本原则和建议，虽然它们都不具有法律约束力，但为国与国之间进行双边或多边谈判提供了指导意见，成为今后文物返还领域国际法发展的重要基础。据了解，在国际社会的努力促进和文物流失受害国的不懈追求下，有关国家之间也进行了积极的磋商，并取得显著进展。例如，1996 年，德国和俄罗斯政府在经历多年谈判后达成一项双边文化合作协定，以促进二战期间从对方领土上获得的文物归还给对方。俄罗斯政府在国际社会的强大压力下，经过艰难抉择，最终于 2003 年宣布了一项重大决定，归还二战结束前作为战利品从德国运回前苏联的艺术品。据悉这批艺术品共计100万件，主要是纳粹德国从欧洲各地掠夺来的，其中包括不少著名画家的绘画作品以及奥地利私人图书馆珍藏的从15世纪到18世纪的1000多本书籍和手稿孤本等文物珍品。2005年，意大利将20世纪三四十年代墨索里尼掠走的阿克苏姆方尖碑归还给了埃塞俄比亚。

国际社会文物保护意识的提高和普及，为我们推动非法流失海外文物的返还提供了可能，而一系列国际公约的出台，则为推动非法流失海外文物的返还提供了法律依据和操作手段，国际上成功返还案例的不断涌现更为推动我国流失文物返还工作增添了动力。

文物流失是民族文化遗产的悲剧。特别是流失海外的中国文物，除具备常规意义上的历史、科学、艺术价值之外，还因为它们与民族的盛衰荣辱的密切关联而特别牵动人们的情感。

中华人民共和国成立伊始，周恩来总理即批准以重金购回著名的王献之《中秋帖》和王珣《伯远帖》；数十年来故宫博物院、上海博物馆等单位面向社会及海外征集了大量铜器、瓷器、金银器等文物珍品。1998年上海图书馆斥资450万美元从嘉德拍卖公司购回了早年流散海外的《翁氏藏书》；2002年起，国家设立了“国家重点珍贵文物征集专项经费”，专门用于支持国家文物局征集境内外特别是境外具有重大价值的、亟须由国家收藏的早年流失文物。例如，当年国家就斥资2999万元购回了早年流失到日本的米芾《研山铭》。通过国家专项征集的方式，2006年4月，流失海外近百年的中国青铜瑰宝“子龙鼎”也终于回归祖国的怀抱。大部分专项征集的流失文物已经进入博物馆充实馆藏，并进行了重点展示。

为了保护文物，打击非法贩运，我国积极寻求在文物返还等方面的国际合作，响应并加入了上述国际公约。近年来在联合国教科文组织1970年公约框架下，我国与秘鲁、意大利、印度、菲律宾等国签署了打击文物走私、保护文化遗产的双边协定。依据国际公约，通过法律、外交等多种手段，在有关国家政府和国际组织协作下，一大批被走私出境的流失文物相继成功返还我国。如 1988 年 11 月，中国有关方面发现纽约苏富比拍卖行公开拍卖的东周青铜敦系湖北秭归县屈原纪念馆当年 6 月所失，遂以完备的证明资料向美方索回；1998 年 5 月国家文物局从英国一次索回 3000 多件（套）走私文物，这是首次以法律武器为主、辅以外交等手段与国际走私团伙斗争取得的重大胜利；1998 年 6 月末，通过国际刑警组织从美国追索回了河南省巩义县宋永泰陵前的客使头像；2000 年，当获悉美国克里斯蒂拍卖行将要拍卖我国河北省曲阳县王处直墓被盗浮雕之后，国家文物局会同河北省文物局仅用了一个月的时间就完成了大量的取证调查工作，通过外交手段和法律途径成功地将被盗文物追索回国。

美国纽约大都会艺术博物馆馆藏中国文物

近几年，中国民间对流失海外文物的回归表现出较大的关注。随着中国拍卖业的迅速崛起，很多流失在海外的艺术珍品开始纷纷回到国内的拍卖场中。此外，海内外有识之士的捐赠返还义举也促成了一大批文物回归祖国。例如，全国政协常委、知名爱国人士何鸿燊先生将其购得的流失海外的珍贵文物圆明园海晏堂马首铜像捐赠给国家。

促进流失文物的回归，是国家文物局的一项重要工作。我国政府一贯主张通过法律和外交手段的主渠道，按照国际社会处理文物返还问题的法律框架和原则，依靠国际合作，打击文物走私，追索非法流失海外的中国文物。特别是对于20世纪七八十年代以来被盗掘、盗窃走私出境的文物必须坚持通过法律和外交手段追索。同时，继续在谨慎地鉴别文物来源的基础上，合理、合法地继续通过示范性购买的方式促进早年流失文物的返还；欢迎和鼓励通过合法程序以捐赠的方式促成流失文物的回归。这些都是当前促进流失海外文物回归的重要渠道。

另一方面，促进非法流失文物的返还是一个涉及面很广的系统工程，还需要在政府相关部门统筹、协调下，充分借助国际国内的各种有利因素，做好打击文物盗掘、走私犯罪，加强可移动文物登记和出境监管，加强对促进流失文物返还领域的系统学术研究等一系列基础工作。

促进流失文物回归依然任重道远，我们应当怀有历史的使命感和紧迫感，抓住一切有利时机和条件，在全社会营造共同抢救祖国珍贵文物的氛围，让全社会都能够有意识地投入到文化遗产保护的事业中来，这是我们当今乃至以后促进流失文物返还工作的最终目标。

加拿大多伦多皇家安大略博物馆中国文物库房

关于加大财政投入减少馆藏珍贵文物损失的提案①

（2008 年 3 月）

我国现有各类博物馆 2400 余座，馆藏文物 2000 余万件（组），由于文物自身材质老化脆弱、大气环境恶化等因素的影响，这些馆藏珍贵文物正在遭受各种病害的威胁。如何保护好这些重要的文化遗产，发挥其在学术研究、宣传教育和社会服务等方面的积极作用，更好地为推动社会主义文化大发展大繁荣服务，是社会各方面长期关注的一个重要问题。

近年来开展的全国馆藏文物腐蚀损失专项调查，是中华人民共和国成立以来针对国有文物收藏单位，首次进行的此类科学技术基础专项调查，是文物博物馆领域采用信息技术手段，引进统计学原理，组织众多单位共同协作的大型专项调查项目。历时 3 年，通过系统内外近 5000 名专业人员的共同努力，采用普查、重点调查、抽样调查、专题调查、访谈调查等多种调查方式，基本掌握了我国国有馆藏文物的现状。

调查结果表明，当前馆藏文物中 50.66% 存在不同程度的损失，其中处于濒危程度的文物 29.5 万余件（组），重度病害的文物 213

① 此文为在全国政协十一届一次会议上的提案，联名提案人：安家瑶、佘辉、张廷皓、詹祥生、张学津、张和平、耿其昌、赵维绥、张平、郑欣淼、王瑞珠、周岚、张俊芳、张桃林、胡珍、韦建桦、李羚、王霞、杨一奔、薛康、林国文、刘志强、周和平、王明明、何家英、龙瑞、杜玉波、崔建华、边发吉、李晓林、吴晓青、陈凌孚、刘庆柱、张柏、吕章申、高延青、王川平、苏士澍、杨力舟、韩方明、陈国星。

万余件（组），中度病害的文物 501.7 万余件（组）；调查项目以文物对外展览保险价格作为经济参照系，建立数学模型，估算馆藏文物因病害侵蚀导致的经济损失总量。这一方法虽然存在着一定的局限性，但在某种意义上也能说明馆藏文物的经济损失程度。据测算，馆藏文物的年经济损失约为 122 亿元，占馆藏文物经济总量的 1.5‰。

“九五”“十五”期间，中央财政直接用于馆藏文物保护的经费投入显著增长，已投入 19371 万元，支持了 276 个馆藏文物技术保护项目和 228 个博物馆馆舍维修项目，抢救了大量珍贵文物，初步改善了约 200 个博物馆的文物藏品保存条件。但是，当前馆藏文物保护投入缺口较大，有效的馆藏文物保护经费支持体系尚需进一步加强。虽然中央财政在馆藏文物保护上给予了大力支持，但是对于大量馆藏文物而言，现有经费投入仍是杯水车薪，平均每年用于每件文物的保护经费不足 1.3 元。全国大部分省份没有将馆藏文物保护经费列入本级财政预算，中央财政对地方财政的引导作用尚未充分发挥。

针对当前我国馆藏文物保护经费投入不足的问题，建议国家财政增设“可移动文物科技保护专项资金”，加大对以下几方面的投入力度，以有效遏制馆藏文物的损失速度。

（一）加强馆藏珍贵文物科技保护前期研究工作经费投入

馆藏珍贵文物科技保护的前期研究工作，是指通过对文物本体状况进行科学检测分析，得出科学数据，根据现状的评估，再对保护修复方法进行筛选试验，从而制定出科学合理的保护技术方案。前期研究具体分为文物价值评估、病害检测分析、保护试验研究、方案设计评估、技术保护方案等几个方面。

（二）加大馆藏珍贵文物本体修复保护工作经费投入

根据馆藏珍贵文物技术保护方案，对文物本体修复方法、修复材料进行标准区试验，依据标准区试验结果，开展珍贵文物本体修复实施工作。修复对象的种类主要以金属、纸质、纺织品、竹木漆器、石质、陶瓷器、壁画类文物为主。

（三）加大馆藏珍贵文物预防性技术保护工作经费投入

根据不同质地馆藏文物腐蚀病变的主要影响因素，建立对应的馆藏珍贵文物的最佳微环境存放体系，并通过这些体系的控制设备调整文物存放体系微环境的温湿度、周围气体组成、光线辐照强度等，为馆藏珍贵文物提供最佳保存环境。

（四）加大馆藏珍贵文物技术保护支撑工作经费投入

从馆藏文物技术保护科学性、有效性和可行性出发，支撑工作体系将以保护关键技术研发、标准化建设和人力资源建设为主要支撑基础。同时，结合馆藏珍贵文物保护工作的实施，以建设文化遗产基础条件平台为依托，逐步建立馆藏珍贵文物技术保护项目数据库。

（五）加大馆藏珍贵文物保护基础设施经费的投入

改善省级以上博物馆保护实验室、修复室的基础条件，增加新型检测分析仪器和修复工具；整合国家级文物保护科研机构、行业重点科研基地和社会相关科技资源，完善现有文物保护机构功能；重点建设 10 ~ 15 个行业重点科研基地，扶持 30 个基层文博单位与社会科技资源组建的科研联合体。

实践证明，真正扭转文化遗产保护的被动局面，变被动为主动，就需要在大量科学研究的基础上向全面、规范的预防性保护转化。“预防性保护”是国际文化遗产保护的发展方向，是延长文化遗产寿命所必须加强的内容，也是更主动、更积极的保护。

在“越王亓北古剑”等珍贵文物移交海南省博物馆仪式上的讲话

（2008 年 10 月 10 日）

“越王亓北古剑”等入藏海南省博物馆仪式

今天，国家文物局和海南省政府在此隆重举行“越王亓北古剑”等珍贵文物移交海南省博物馆的文物交接仪式。在此，我首先代表国家文物局向一直关心、支持这些文物的征集和保护工作的各有关部门、专家学者和社会各界的朋友们表示诚挚的感谢，向海南省博物馆致以热烈的祝贺！

近年来，在财政部的积极支持下，国家文物局重点从海外征集了大量流失的中国珍贵文物，其中绝大多数文物已经成为故宫博物院、国家博物馆、首都博物馆等文物博物馆单位的重要藏品。这些珍贵文物，历经坎坷重归祖国，并向社会公众展示，取得了良好的社会效益，成为轰动一时的文化盛事。

海南地处祖国南疆，水下文化遗产和黎、苗等各民族文化独具特色。海南省高度重视文物保护工作。在海南建省20周年之际，海南省博物馆的建成开放，将有利于充分发掘海南深厚的文化底蕴，宣传展示海南的文化特色，提高社会公众的整体文化素质和文明程度，促进海南文化、旅游等相关产业的全面、协调、可持续发展。

为此，国家文物局决定对海南省博物馆的建设、展陈工作予以特别支持，将越王亓北古剑、唐三彩马、宋青白釉花口凤首壶等3件珍贵文物长期借藏给海南省博物馆。这批文物都是近年来国家文物局征集文物中历史、艺术价值最突出的珍品，例如战国时期的越王亓北古剑，器形完整，鸟篆铭文清晰，错金色彩鲜明，采用复合金属嵌铸剑身，为国内同类越王剑中的孤品，唐三彩马和宋青白釉花口凤首壶则分别代表了唐宋时期我国陶瓷工艺的艺术成就。

我们相信，这批文物入藏海南省博物馆，将进一步丰富该馆的藏品品类，提升陈列展览水平，使海南省博物馆成为海南省文化建设的亮点和名片，为建设海南国际旅游岛的文化品牌发挥重要的积极作用。也衷心期待在海南省政府的重视和支持下，海南文物工作者能够把握当前博物馆事业蓬勃发展的宝贵机遇，着力加强自身能力建设，全面提高文物保护管理水平，努力开创海南文物博物馆工作更加辉煌的局面!

在国家征集道场画借藏成都博物院仪式上的讲话

（2008 年 12 月 17 日）

今天，我们在此隆重举行文物借藏仪式，将国家征集的 10490 件道场画借藏成都博物院。这是四川博物馆事业发展的一件大事，也是国家文物局支持四川文化建设的一项重要举措。

近年来，在国家财政的积极支持下，国家文物局从海内外征集了大量珍贵文物，其中绝大多数已经成为国有博物馆的重要藏品。为抢救、保护流失文物，促进博物馆藏品建设，发挥了显著的积极作用。

四川是我国的文物大省，各类文化遗产数量众多，民族民俗文物特色尤其突出。在四川省和成都市政府的关心和支持下，成都博物院将民俗文物作为博物馆藏品征集和事业发展的重要方向，对皮影、道场画等民俗文物开展系统的征集工作，并向社会公众展示，找准了主题，抓住了机遇，取得了良好的社会效益。

国家文物局高度重视四川的文物博物馆工作，对成都博物院民俗文物的征集和保护工作给予了重点支持。2005 年，国家文物局使用国家重点珍贵文物征集专项经费，支持成都博物院征集了 6 万件皮影文物。今年征集并借藏成都博物院的 10490 件道场画涉及地域广阔、内容丰富，比较完整、系统地保留了几百年来中国民间绘画艺术作品，真实地反映了民间文化和宗教信仰，对研究中国民间信仰、民俗及道教信仰，具有较高的研究价值。

我们相信，这批文物入藏成都博物院，将有利于发掘和展示道场画等民俗文物深刻的文化内涵，推动我国民俗文物的研究和保护工作，同时有利于进一步丰富成都博物院的藏品品类和陈列展览内容，充分发挥征集文物的综合效益。

在“陈独秀等致胡适信札”入藏中国人民大学博物馆仪式上的讲话

（2009年7月27日）

“陈独秀等致胡适信札”入藏中国人民大学博物馆仪式

今天，很高兴再次来到中国人民大学这所充满学术氛围的美丽校园，参加“陈独秀等致胡适信札”入藏中国人民大学博物馆仪式。

首先，我代表国家文物局向中国人民大学表示热烈的祝贺，祝贺中国人民大学博物馆增添了新藏品、有利于学术研究的拓展和深入。同时，对关心、支持中国人民大学博物馆发展的各位专家和社会各界朋友表示诚挚的感谢。

“陈独秀等致胡适信札”是国家文物局首次以“国家优先购买权”方式购得的珍贵文物，国家文物局有关部门将及时总结此次文物征集的经验，继续做好有关珍贵文物的征集工作，探索丰富我国博物馆藏品的新途径、新方法，为包括中国人民大学博物馆在内的我国各类博物馆建设给予应有的积极支持。

目前，我国博物馆正面临着前所未有的发展时期。我们也非常高兴地看到，中国人民大学一直十分重视博物馆工作，不断努力增加对博物馆的投入，包括为文物征集付出了许多努力，使几个月前才正式成立的博物馆取得了显著的进步。这一方面体现了学校对博物馆增加文物藏品的重视，另一方面也展现了中国人民大学通过博物馆建设推进建设世界一流大学的高瞻远瞩和雄心壮志。

祝愿中国人民大学博物馆在我国博物馆界能够异军突起，成为其中的后起之秀，在博物馆收藏、研究、展示，以及充分发挥博物馆社会功能等方面做出新的尝试，为推进我国博物馆事业发展做出更大的贡献。

在“范季融、胡盈莹捐赠文物交接仪式”上的讲话

（2009年11月23日）

范季融、胡盈莹捐赠文物交接仪式

今天，国家文物局在国子监彝伦堂隆重举行“范季融、胡盈莹捐赠文物交接仪式”，邀请各位嘉宾共同见证这一盛事。

今天的交接仪式我们精心选在庄严肃穆的国子监举行，具有特别的意义。国子监是中国古代的最高学府，彝伦堂则是皇帝讲学之所。“彝伦”二字既表达古人对于传统伦理道德的尊崇，也包含了“伦常传续，垂范后世”的意味，范季融、胡盈莹夫妇的捐赠义举，圆满诠释了“彝伦”二字的内涵和精髓。

范季融、胡盈莹夫妇出身收藏世家，虽身在海外，但心系祖国。胡盈莹女士的父亲胡惠春先生是已故著名中国文物收藏家，“暂得楼”的主人。胡惠春先生早在 1950 年就曾担任上海市文物管理委员会委员，其时为支持上海博物馆建设捐献珍贵瓷器 268 件。1975 年，又将元代拓本《西岳华山碑》四明本捐赠给文化部，现藏于故宫博物院。范季融先生在 1988 年受岳父胡惠春先生委托，再次向上海博物馆捐献 76 件精品瓷器。上海博物馆为表达敬意，特以“暂得楼”为陶瓷馆命名。

自 1991 年起，范季融、胡盈莹夫妇先后多次向国家捐赠了青铜器、书画等珍贵文物，并在美国纽约组织建立了“上海博物馆之友”基金会，该基金会为支持上海博物馆的业务建设和发展以及弘扬中华文化做了大量的工作，在海内外产生了良好的影响。此次，范季融、胡盈莹夫妇又慨然决定将其收藏的 9 件秦公晋侯青铜器捐赠祖国，支持祖国文化遗产事业的发展。

这 9 件青铜器都是研究秦国和晋国早期历史、艺术及文化的珍贵实物资料，对历史学、考古学、年代学等研究都有着尤为重要的意义。然而十分遗憾的是，秦公墓和晋侯墓均于 20 世纪 90 年代初遭到非法盗掘，许多珍贵文物最终辗转流失海外，尽快促成这些流失文物重归祖国成为海内外华人的共同心愿。范季融、胡盈莹夫妇的捐赠义举，不仅使这批具有重要价值的文物重归故里，更为世人做出了“以私济公”的表率。

关于建设国家文物标本库的提案[①]

（2010 年 3 月）

2007 年，在全国范围内正式启动了第三次全国文物普查工作，全面掌握不可移动文物的数量、分布、保存状况等基本情况。三年来，各地采集了大量文物标本，仅陕西省已搜集各类文物标本 10.3 万件。与此同时，随着我国国民经济的快速发展，重大基本建设项目大量增加，各地考古和文物保护工作任务日益繁重，仅河南省每年考古发掘出土可修复文物 1 万余件、标本几十万件，地方文物收藏和保管压力很大。

文物标本是指通过考古调查、发掘获取的能够反映人类活动及其背景状况的遗迹和遗物，通常指遗物标本和部分脱离现场的遗迹，如车马坑、墓葬和祭祀坑等。文物标本是诠释人类产生、发展和进步，以及人与自然关系的实物证据。它包括由人类制造、加工或使用的物品，如石玉器、骨角器、陶瓷器、木漆器、金属器等，以及与阐释人类活动相关的自然遗存，如动植物（包括人类遗骸）、矿物和土壤遗存等。文物标本的保存保管是一项重要的基础性工作，是我国文化遗产保护工作的重要组成部分，对于推动考古学学科健康

① 此文为在全国政协十一届三次会议上的提案，联名提案人：张海、樊锦诗、董良翚、安家瑶、吴祖强、杨一奔、席强、耿其昌、阿拉泰、詹祥生、龙瑞、郁钧剑、王霞、陈力、张廷皓、吕章申、宋春丽、侯露、田青、张和平、仲呈祥、张柏、王川平、杜滋龄、刘敏、苏士澍、林建岳、赵维绥、丹增、韩书力、陈祖芬、冯英、杨力舟、尼玛泽仁、刘庆柱、姜昆、余辉、郭瓦加毛吉、高延青、夏燕月、孟广禄、王书平。

发展、深入研究中华传统历史文化、确保国家文物安全等方面具有重要意义。

多年以来，虽然各地的考古科研单位按照有关规定向博物馆移交了大量文物，但是，由于第三次全国文物普查工作仍在进行中以及考古工作本身的特殊性，目前有相当数量的第三次全国文物普查文物标本和考古发掘文物标本由各考古科研单位负责保管，据不完全统计，截至2008年全国考古科研单位保存考古发掘文物标本300余万件（其中尚不包括大量陶片和动植物标本、人体骨骼）。

第三次全国文物普查百大新发现图片展

“十一五”期间，结合国家发展与改革委抢救性设施建设项目，多个省市的考古研究机构已加强了周转库房建设工作，但是各地符合文物保管条件的库房设施建设滞后问题依然存在。很多考古科研单位的库房面积狭小，无法满足文物标本的基本存放要求，而且缺乏相应的安防设备，保存环境极差。同时，由于考古发掘文物标本的展示性、观赏性不强，一些博物馆仅遴选珍贵文物入藏，对文物标本不予接收，使大量考古发掘文物标本难以得到妥善保存。各地每年的考古发掘文物标本增长速度快，数量大，仅仅依靠临时性周转库房无法彻底解决文物存放问题。

为使大量第三次全国文物普查文物标本和考古发掘文物标本得到妥善保存保管，确保国家文化遗产安全，迫切需要在做好文物移交工作的同时，参照中央与地方共建博物馆模式，选择有条件的省份建设国家文物标本库房，集中收藏第三次全国文物普查文物标本和考古发掘文物标本。国家文物标本库房的建立，一方面可以缓解地方各考古科研单位文物存放保管的巨大压力，有利于确保国家文化遗产安全；另一方面，可以全面掌握本地区考古工作的基本情况，有利于文物资料的整合和相关信息的统计、登录。同时，国家文物标本库房也可以作为高等院校教学实习和专业培训的场所，为今后文物标本的研究、利用提供一个窗口和平台。

因此，建议国家发展与改革委、财政部在“十二五”期间将建设国家文物标本库房列为重点项目，加大经费投入和支持力度，购置必要的设施设备，从根本上解决第三次全国文物普查文物标本和考古发掘文物标本保存、保管和利用问题。

关于加大对博物馆安全防范设施投入力度的提案[①]

（2011 年 3 月）

安全是文物工作的生命线，博物馆收藏、保管着一个地区甚至一个国家最为珍贵的可移动文化遗存，一旦发生被盗、被抢、丢失等案件，后果往往无法弥补，不堪设想。

世纪之交，全国曾经连续发生 7 起暴力抢劫博物馆案件，累计造成博物馆工作人员 3 人死亡，近 10 人受伤，41 件馆藏文物被抢。例如 1994 年 4 月 11 日，3 名犯罪分子窜至山西省某县博物馆，开枪打伤值班人员，抢走 5 件文物。1995 年 7 月 6 日，犯罪分子窜入福建省某县博物馆盗窃文物，该馆副馆长廖国华与歹徒顽强搏斗，壮烈牺牲。1996 年 8 月 8 日，犯罪分子潜入甘肃省某县博物馆，将值班人员击昏后捆绑并塞嘴，致使值班人员窒息死亡。罪犯盗抢文物 15 件后逃离，其中三级文物 13 件，一般文物 2 件。2002 年 7 月 21 日，一伙歹徒以观众身份进入新疆某博物馆，关上展厅门，打伤值班人员，抢走文物 8 件，值班人员经抢救无效死亡。

上述案件暴露出博物馆防范设施落后，保卫力量薄弱，给

① 此文为在全国政协十一届四次会议上的提案，联名提案人：詹祥生、王霞、王川平、王书平、王立平、王兴东、龙瑞、田青、冯英、尼玛泽仁、朱乐耕、仲呈祥、刘敏、杜滋龄、杨力舟、吴玉霞、宋春丽、宋祖英、张健、张海、张会军、张国勇、张学津、阿拉泰、陈力、陈醉、陈祖芬、林文增、赵维绥、侯露、姜昆、秦百兰、耿其昌、夏燕月、徐翔、郭瓦加毛吉、董良翚、于魁智、马博敏。

犯罪分子以可乘之机，教训十分深刻。针对严峻的博物馆安全形势，2002 年国家文物局与公安部组织修订了《文物系统博物馆风险等级和安全防护级别的规定》（GA27—2002），并在全国推动实施博物馆风险等级达标工作。财政部在“国家重点文物保护专项补助经费”渠道内，对一级风险单位和重点博物馆补助实施了一批安全技术防范工程，引导各地加强博物馆安全防范基础设施建设。

上述措施虽然在一定程度上改善了博物馆安全防范条件，但是近年来暴力抢劫博物馆案件仍有发生。2011 年 1 月 28 日，3 名犯罪分子闯入黄冈市博物馆内，打伤值班人员，抢走战国时期的青铜器 3 件（其中二级文物 1 件，三级文物 2 件），引起社会各界广泛关注。经当地公安机关全力侦破，1 月 30 日将犯罪嫌疑人抓捕归案，涉案文物全部追回。但是，黄冈市“1 · 28”恶性伤人抢劫博物馆案再次敲响博物馆安全的警钟。

此类案件再次发生，客观地反映出当前博物馆安全工作面临的新挑战和新问题。

一是 2008 年 4 月开始博物馆实施向全社会免费开放政策以后，博物馆作为向公众开放的公共文化服务机构，社会服务功能日益凸显，参观人数有较大幅度提高，各类安全风险、安全隐患骤增，但是对博物馆安全方面的投入尚未得到相应的重视与增长，安全防范工作面临着前所未有的巨大压力。

二是由于总体投入不足，历史欠账较多，博物馆安全防范和消防设施建设仍然整体落后，达标率不高，设备老化现象普遍存在，亟须升级改造。根据国家文物局 2008 年统计结果，全国重点博物馆的技防设备达标率仅为 50%，消防设施合格率仅为 52.27%。以湖北省为例，受经费所限，该省大部分博物馆安防设施不完善或者已有设施、设备老化，技防设施达标率仅为 37.2%。2008 年中央财政设立博物馆免费开放专项补助经费，主要包含门票减收、运行维护费、陈列布展费等费用，安全防范经费未单列科目，“国家重点文物保护专项补助经费”也调整为面向全国重点文物保护单位，博物馆安全防范经费没有专门渠道，各地开展博物馆风险等级达标工作的积极性受到一定程度的影响。

三是在文物艺术品高额利益刺激下，犯罪分子为牟取暴利，犯罪手段不断升级，犯罪活动呈现出团伙化、职业化、智能化、暴力化的新特点。而博物馆安全防范设施和人员队伍建设依然滞后，难以适应博物馆安全防范面临的新形势，无法实现对文物犯罪的有效预防和制止。

鉴于上述情况，各级财政部门应当高度重视博物馆免费开放形势下，博物馆安全工作面临的新形势、新挑战，在博物馆免费开放经费、博物馆建设经费中加大对安全防范设施的投入力度，加强中央财政对博物馆安全工作的引领示范作用。

为此建议，财政部对实施免费开放的博物馆、纪念馆技防消防等安全防范设施的升级改造工程，按照一、二、三级风险单位分级测算经费补助比例或标准，适当给予经费支持。对免费开放博物馆、纪念馆的安全防范设施维护费、安全保卫人员装备配置费、安全保卫岗位专职人员人身意外伤害保险费等，在补助博物馆运行维护费中予以测算并专项列支安全防范经费。

关于增加故宫博物院驻院武警在故宫警戒执勤任务的提案[①]

（2012 年 3 月）

故宫历史上是明清两代的政治中心、封建权力的中枢所在地，今天是具有世界影响力的、历史信息含量最丰富的文化遗产，是民族文化的历史缩影和重要载体，其文化内涵涉及历史、地理、建筑、园林、文献、文物、考古、美学、宗教、民族、礼俗等诸多学科与门类。故宫博物院现有馆藏文物 180 万件以上，包括了古代艺术品的所有门类，具有级别上、品类上、数量上的优势和重要的历史、艺术、科学价值，是我国皇家收藏传统的延续和仅存硕果，与故宫不可移动文物共同构成了世界文化遗产的突出普遍价值，成为对外文化交流和展示中华传统文化的重要窗口。

故宫文化遗产的安全关系到国家形象，保证故宫博物院的绝对安全是全国民众的期望和重托，是历史赋予的任务和责任。由于故宫的文化身份特殊，无论是安防还是消防，都存在着复杂性和严峻性，文物建筑、文物藏品、观众安全成为故宫博物院各项工作中的头等大事，保护任务极其繁重，异常艰巨，因此必须加大故宫文化遗产保护的力量。

① 此文为在全国政协十一届五次会议上的提案，联名提案人：董良翚、夏燕月、杨力舟、耿其昌、徐翔、张健、张海、赵维绥、陈力、赵秀云、陈祖芬、秦百兰、李素华、陈醉、张国勇、田青、姜昆、张会军、张平、何水法、胡振民、雷元亮、冯小宁、张廷皓、王川平、詹祥生、张柏、冯远、宋雨桂、范迪安、盛小云。

当前，随着改革开放的不断深入，社会结构性矛盾日益突显，不安全因素不断增加，故宫博物院所面临的“防火、防盗、防破坏和防爆炸”的压力也越来越大。2011 年 5 月 8 日故宫发生盗窃案后，北京市公安局文保总队对故宫安全警卫情况进行了全面考察，认为故宫夜间警卫人员的素质和能力亟须提高，同时建议故宫博物院申请武警担负部分夜间警戒值勤工作任务。

一段时间以来，故宫博物院也对院内夜间警戒岗哨的位置是否科学、布局是否合理，以及夜间警卫人员队伍建设能否适应工作任务需要等情况进行了重点调查研究。其中警卫队作为故宫博物院保卫处的一个职能科，担负着故宫检票验票、接待服务、安全保卫等职责。从目前的严峻形势看，难以从根本上解决故宫夜间警卫人员的素质和技能与故宫夜间安全保卫工作现实需要不相适应的问题。

在故宫博物院的保卫历史上，武警协助故宫共同维护故宫秩序、保卫故宫安全的共建共管模式早已有过。目前就有一支武警中队驻扎在故宫博物院院内。1987 年通过沟通协商，武警中队就开始了协助故宫维持治安秩序的工作，直到现在他们依然坚持在每天的开放时间安排岗哨，担任故宫前三殿和乾清门广场两个区域的警戒值勤任务。故宫博物院闭馆后，协助神武门保卫人员警戒值班。除了担负以上警戒值守任务外，他们还是故宫处置应急突发事件的主要武装警卫力量。

根据以上情况，建议增加故宫博物院驻院武警在故宫内的警戒执勤任务，将故宫博物院重要岗位的夜间安全警戒值守任务，纳入驻院武警的正规任务中。经初步论证，有 15 处夜间岗哨位置需要由武警来担任警戒值守。同时，白天在东华门、西华门和神武门等三处门口，需要武警协助故宫警卫队值班警戒。如果按照目前驻故宫博物院武警岗哨警卫人员配备要求，担负此项任务还需要适当增加现有警力。武警警戒值守的基本职责可以明确为加强故宫院内秩序管理，发现、处置并报告可疑情况，与故宫博物院共同处置各种警情，做好故宫博物院的“防火、防盗、防爆炸和防破坏”等四防工作。同时，故宫博物院要为驻院武警在故宫警戒执勤任务提供各方面的工作条件和优质服务，共同保护好故宫世界文化遗产。

在故宫博物院原状陈列文物防盗系统研讨会上的讲话

（2012年3月29日）

今天，我和李季常务院长、宋纪蓉副院长、冯乃恩院长助理一起来参加研讨。一是强调故宫文物安全工作是我们所有工作中的重中之重；二是表明实现故宫博物院安防系统能力提升具有紧迫性；三是坦承我们对于基于物联网技术的安防系统方面的知识比较匮乏。

故宫博物院是世界上保护文物品类最为全面、文物藏品价值最高、接待观众数量最多、空间环境最为复杂的博物馆。因此，故宫世界文化遗产、故宫博物院的安全防范系统，必须是世界上最高级别、最可靠的系统。

最近，听说故宫博物院要提升安全防范系统，一些从事安防设施研发、“物联网”技术研发的科研单位、高等院校和大型国企，通过各种形式与我们沟通，希望为故宫博物院提升安全防范系统做贡献。我们一方面非常感谢，另一方面也十分慎重，因为一定要选择符合故宫博物院文物保护需要的最高级别、最可靠的单位。

对于故宫博物院来说，文物安全防范的内容十分复杂，既包括防火、防盗、防震，还包括游客安全。因此，我们必须通过多种方法、多种手段、多种技术，实现对于故宫世界文化遗产和故宫博物院的多层监控，全面覆盖。同时，对于故宫的文物建筑和故宫博物院文物藏品来说，所有应用技术，必须是无损的、可逆的，并适当考虑美观。这些也会给安全防范系统的研发带来难度。

总参三部具有光荣的革命传统。从革命圣地瑞金出发，在此后的抗日战争时期、解放战争时期为祖国、为民族、为人民做出过重要贡献。希望总参三部科技成果交流中心利用自己的独有技术，加大针对故宫博物院的安防技术研发，对此我们充满期待。

在故宫博物院“火灾”扑救演练小结时的讲话

（2012 年 6 月 8 日）

今天看了大家的演练，总的来说还是很欣慰的。大家按照规定的程序，在规定的时间内，到达指定救灾地点，能够基本按照要求到位，体现出良好的精神面貌和一定的基本功。只是，由于故宫的特殊性，占地面积大，房屋数量多，建筑结构复杂，文物藏品珍贵等，需要我们不断调整防灾的预案，进行实战演练。今天主要检验扑救“火灾”预案的掌握情况。

故宫博物院消防演习

对于故宫博物院来说，防火永远是第一位的工作。从紫禁城600年的历史来看，也是火灾造成的损失最大，当然还有雷灾、盗窃等，今天还要时刻警惕震灾的发生。对于火灾，就是经常说的“隐患险于明火，防范胜于救灾”，始终要把防范工作放在第一位，要有多种防范措施，例如技防、安防系统都是主要针对防范需要设计安装的。同时还需要掌握的就是救灾，一旦发生问题，能否迅速实施扑救十分关键。

对于救灾来说，相对其他一般单位而言，故宫的情况要复杂得多，需要更加全面地掌握救灾的方法和技术，例如：一是能否迅速到达救灾地点的问题，一般单位没有像故宫这么复杂的地形地貌，更没有这么多道门禁，故宫的门又会随着开放情况变化调整开闭时间，因此需要随时掌握动态情况，从什么地方进，怎么进，行进过程中需要解决什么障碍，这些都是在故宫救灾时应该考虑的；二是在救灾的过程中，采用的装备、使用的灭火器材，其种类也不是单一的，因为抢救的对象可能是木结构，可能是有机物，可能是易燃物，对于不同对象扑救的方法必然不同，所以在奔赴火灾现场的途中，就要根据了解的情况及时做出判断，这也可以说是故宫特色；三是救灾过程，与其他单位救灾过程的不同之处在于，要时刻注意保护文物，既包括受灾范围内的不可移动文物，也包括受灾范围内的可移动文物，这些可移动的文物种类繁多，涵盖故宫博物院的各大类文物藏品，既包括易碎的瓷器、玉器、象牙等，也包括易燃的绘画、织绣、地毯等，还有难以搬动的重型、大型文物藏品，一旦发生灾害，情况非常复杂。

正因为如此，需要经常进行防灾演练，针对不同的区域、不同的类别、不同的时间、不同的地点，多搞实战演习，这与我们平常所开展的职工消防运动会是不一样的，职工消防运动会主要是普及防火、救火知识。而安全保卫部门是专业力量，专业力量就要有专业的高度、专业的水准。文物安全，无论是安防还是消防都是科学性很强的工作，其难度不亚于其他任何工作，所以能够通过实战演练不断地积累经验，不断地分析演练中的不足和可能改进的方向，就显得十分重要。今后还可以在适当的时候组织联合演练行动，即包括武警部队、消防官兵等多部门协同参加，这样就可以不断地增强防灾救灾的能力建设。养兵千日，用兵一时，一旦到临战的时候，就可以不慌乱，不出差错，能够迅速扑救。不发生灾害是防灾的最终目的，而迅速扑救是救灾的最终目的，也是最根本的目的。要达到这个根本目的，实现防灾救灾的万无一失，还需要我们付出更多。只有经过经常性的实战演练，才能够做到心中有数，发生任何情况都能够做到镇定自若，才能够来之能战、战之能胜，造就一支令人尊重、值得骄傲的故宫博物院保卫力量。

向媒体通报故宫博物院藏品情况

（2012 年 7 月 6 日）

一、关于故宫文物藏品情况

自 2004 年开始，故宫博物院持续 7 年的大规模藏品清理工作到 2010 年底完成，经过全面系统的普查整理，故宫的馆藏文物数量从近 100 万件增加到了 1807558 件（套），真正做到实物和目录一一对应。其中珍贵文物 1684490 件、一般文物 115491 件、标本 7577 件。这是故宫博物院自建院以来，在文物藏品数量上第一个全面而科学的数字。

全世界博物馆藏品数量与等级一般都是金字塔结构，塔尖的位置是珍贵文物，腰身的位置是一般文物，底层是资料，即尚未列入级别的文物。与其他博物馆不同，故宫博物院的藏品特点呈现“倒金字塔”形结构：93.2% 的是珍贵文物，6.4% 为一般文物，剩余 0.4% 是资料。也就是说，不是珍贵文物，难以进入故宫博物院的文物藏品系列。

截至 2010 年底，全国文博系统馆藏珍贵文物（一、二、三级）共计 4012908 件，其中故宫博物院的珍贵文物为 1684490 件，故宫的珍贵文物占全国文博系统馆藏珍贵文物的 42.0%。以收藏的文物藏品而论，故宫文物藏品总数逾 180 万件，这个数量在世界博物馆中也可以排在前列。更重要的是，故宫藏品历史序列整齐，比如书画收藏可以举办中国书画史展览，陶瓷收藏可以涵盖中国陶瓷发展史，玉器上迄新石器时代下至清末没有断档，这一点在世界上没有哪个博物馆可以与之媲美。

故宫博物院的文物藏品分为 25 大类，其中绘画 5.35 万件，法书 7.50 万件，碑帖 2.86 万件，铜器 16.00 万件，金银器 1.17 万件，漆器 1.89 万件，珐琅器 0.66 万件，玉石器 3.18 万件，雕塑 1.02 万件，陶瓷 36.66 万件，织绣 18.08 万件，雕刻工艺 1.14 万件，其他工艺 1.36 万件，文具 6.81 万件，生活用具 3.99 万件，钟表仪器 0.28 万件，珍宝 0.11 万件，宗教文物 4.20 万件，武备仪仗 3.27 万件，帝后玺册 0.51 万件，铭刻 3.33 万件，外国文物 0.18 万件，其他文物 0.39 万件，古籍文献 60.31 万件，古建藏品 0.49 万件。

随着藏品清理工作的完成，目前正在进行《故宫博物院藏品总目》（以下简称《总目》）和《故宫博物院藏品大系》（以下简称《藏品大系》）的编辑出版。其中《藏品大系》精选最具典型和代表性的文物藏品约 15 万件，分为 26 编，总规模预计 500 卷。

二、《故宫博物院藏品总目》的编制与公开

《故宫博物院藏品总目》将故宫博物院藏品目录分门别类地进行汇编，并向社会公布。这既是故宫博物院 7 年藏品清理工作的延续，也是藏品清理工作的重要成果之一，体现着故宫博物院藏品管理和研究水平。2010 年 12 月 28 日，故宫博物院历史上第五次藏品清理工作顺利结束。经过 7 年的努力，故宫博物院全院上下齐心协力，在全部藏品账、卡、物核对的过程中，主要解决了以下五个方面的问题。

一是解决了总账与分类账不一致的问题。故宫博物院文物管理

处所管全院藏品总账与各部门所管各自门类的分类账存在部分不一致的情况，主要表现为以下方面：(1) 藏品管理权限移交、提陈手续不清；(2) 数字、计件不一致，多表现为件、套、册、份等不一致；(3) 类别错误，主要是因为藏品号登录错误而产生的；(4) 拨、销情况不一致，多发生在总账与分类账撤销分号上。

二是解决了账物不符的问题。建院80多年来，故宫博物院藏品拨入拨出、借入借出、销号处理、文物资料提级和降级等，多有反复，情况极为复杂。例如：有账无物，有物无账；登记错误、贯号错误、文物名称错误、文物计件不规范、文物伤况不符、附件不符；销号、调拨错误，多发生在“调拨单”上文物号或文物名称与实际调拨的实物不一致等。

三是完善了文物管理体制。首先，解决了个别门类藏品交叉管理问题。根据藏品的属性，统一协调，进行了管理归属权的变更。其次，实现藏品管理的账物分离。将文物管理处（全院藏品总账的管理者）原管辖的珍宝等门类的藏品，根据藏品属性，移交相关部门，实现了账物的完全分离。

四是彻底清查了全院文物藏品。彻底清查藏品资料，做好藏品提升工作。如22703件清代帝后书画作品，之前因有代笔或认为艺术性不高，而未系统整理；还有反映清代官员觐见皇帝制度的近万件红绿头签，反映皇宫警卫制度的上千件腰牌等，此次均作为文物进行了清理。同时，将古籍、古建类藏品首次纳入文物管理序列。古籍类藏品之前虽得到妥善保管，但在保管形式上按照图书馆界的做法，未做定级，并且22万余件书版未系统整理，缺乏有效的整理与保护。古建类藏品为古建部实物库，藏品管理基础薄弱，没有按照文物管理的制度进行管理。此次清理，这些问题均得到了合理的解决。

五是逐步调整了库房布局，改善了库房条件。配合古建筑全面修缮，合理调整库房布局，解决了开放区与库房区重合的现象。部分地面库房和殿堂年久失修，密封防尘条件不好，工作人员为此开展了大量的除尘和搬库工作。

经过清理，故宫博物院首次彻底摸清了家底。这是故宫博物院自建院以来在藏品数量上第一个全面而准确的数字，为《故宫博物院藏品总目》的编制和公布提供了坚实的数据基础，确保了藏品信息的准确、可靠。

藏品清理之后，故宫博物院的藏品管理工作进入了一个历史性的新阶段。在继续做好日常保管工作的基础上，业务人员主要转入带有研究性质的文物信息编目工作，更加着重于藏品的科学、规范化管理和展示利用，并以更加开放的姿态，编制《藏品大系》《总目》等清理成果，向社会公开。

2011年12月7日，故宫博物院召开了“《故宫博物院藏品总目》出版论证会”，著名文物博物馆专家、国家文物局等相关部门出席了会议。与会专家充分肯定了故宫博物院的藏品清理和后续的编目工作。张忠培先生认为，这是故宫博物院工作“关键的关键、核心的核心、基础的基础”，“是管理到位的表现”，对于其他业务工作将起到极其重要的作用。傅熹年先生指出，故宫博物院“真正做了一件大事情”，“是很了不起的”。谢辰生先生表示，“对于其他博物馆也是很好的启示”，“应当好好宣传”。国家文物局认为，此项工作为故宫博物院藏品管理的科学化和规范化打下了坚实的基础，为院内外的研究者提供了便利，有利于提升相关领域的研究水平，具有“以昭公信”的意义。同时，专家们对于《总目》公布的形式及内容设置等方面也提出了一些合理性的建议。这对故宫博物院今后的工作将起到很好的指导作用。

目前,《总目》的编制工作进展顺利。在采取举措和进度方面,首先完善藏品的基础信息。根据《总目》编制的信息项目设定,积极开展各门类藏品相应信息内容的采集和补充,以达到公布的要求。其次由故宫博物院领导牵头成立领导小组,统筹《总目》编制与公布的相关工作。拟定了《总目》的编辑则例,针对藏品定名不规范的问题,制定了各类藏品的命名标准,并对时代表述、计数用字等方面进行了规范;针对藏品交叉管理的问题,统筹兼顾,特别协调好跨库房、跨部门藏品的分类问题。最后设立逐级审查制度。利用故宫博物院文物管理系统的藏品账目编目平台,文物管理处向各业务部门放开了编目权限,使业务人员可直接利用信息平台对藏品信息进行修改,同时还统一设定了编目人员的资格要求和相关权限,逐级审查,以各负其责,层层把关,保证编目工作的高质量和高水准。根据存在的问题,故宫博物院组织业务人员用了一年半的时间进行修改编制,截至目前,除法书、碑帖、帝后书画类文物仍在修订外,其余门类藏品已基本编制完成。

编制与公布《总目》的意义表现为以下三个方面。

一是继承和发扬藏品管理的优良传统。1925 年故宫博物院的成立,象征着紫禁城从明清封建皇宫真正转变为新兴民主共和国的公共博物馆。从此,故宫由封闭转向开放。为保持故宫的生机和活力,故宫博物院从点查清宫物品时起,点查和清理工作始终贯穿"公"字精神,坚持物品账目公开、公共,面向公众,社会参与。此次《故宫博物院藏品总目》的编制和公布,既是继承清室善后委员会点查清宫物品时形成的优良传统,也是现时故宫博物院工作者对老传统的发扬光大。例如清室善后委员会的点查工作，从 1924 年 12 月 24 日开始，至 1930 年 3 月基本结束，其间先后公开刊行了《故宫物品点查报告》6 编 28 册，共统计物品 9.4 万余号、117 万余件。故宫文物在南迁存沪期间，还进行了一次逐件点查工作，详细登记，油印了《存沪文物点收清册》。故宫北平本院则在 1934 年至 1943 年 2 月期间对留院文物做了一次点查，并对以前未经点收的各宫殿庭院的陈设品编号登记，1945 年有《留院文物点收清册》问世，共统计物品总数达 9.37 万号、118.9 万件。抗战胜利后一部分南迁文物（2972 箱 597423 件）被运往台湾，现为“台北故宫博物院”的主要藏品。另有 2211 箱 104744 件文物现仍暂存南京朝天宫库房。1949 年以后，在国家的关怀以及社会各界的支持、帮助下，通过不断努力征集，院藏文物又增加 229185 件。

二是充分发挥故宫博物院服务社会的功能。故宫博物院作为公共文化机构，向公众展示宏富的文物收藏，努力弘扬优秀的中华传统文化，是其重要的职责之一。《总目》的编制和公布，是院内外需求所致，也是故宫博物院事业发展的必然阶段。当今社会，社会民众精神文化方面的需求日益增长，对了解、鉴赏故宫丰富的文物收藏有着强烈的诉求。同时，作为故宫学的发源地、倡导者和重要研究基地，故宫博物院在利用自身优势开展相关研究时，还要为海内外的研究者提供便利。故宫学的研究不只是故宫博物院的事，还是学界的公共事业，需要社会上多方力量广泛参与。为此，故宫博物院必须适应社会发展的要求，突破传统宣教观念，以多种形式和多种层次服务于社会，以使世人了解故宫藏品的奥妙，更好地为各界人士提供观赏、研究等服务。

三是对公众公开透明，接受社会监督。故宫博物院的藏品是中华民族文化的重要载体和历史缩影，对它的保护牵动亿万民众的心。故宫博物院80余年来，恪守典护重任，使这些中华民族极为珍贵的历史文化遗产得到了很好的保护。抗日战争期间，故宫博物院同人历时十余年，行程数万里，艰苦卓绝地进行了文物南迁，确保了文物万无一失，创造了可歌可泣的历史奇迹。故宫博物院为国家和民族守护这份遗产，有义务积极接受来自社会各方面的监督，以不辜负全国人民的重托。我们向全社会公布藏品，正是把祖先遗留下来的珍贵遗产置于全体社会公众的监督之下。

三、关于近年来故宫博物院藏品征集

故宫博物院是在明清皇宫（紫禁城）和宫廷旧藏文物及遗存的基础上建立起来的博物馆，有较为完整的藏品收藏体系，其藏品可分为25大类，几乎包含了中国古代艺术品的所有门类，藏品时代上自新石器时代，下至宋元明清直至近现代，基本完整地记录了各类文物从萌生、发展到辉煌的文化链。

根据自身的性质、方针、任务，故宫博物院的藏品征集工作，以建立完整的藏品体系为原则，以陈列、研究的实际需要为出发点，采取积极的措施，努力征集原清宫遗散在外的文物和我国原始社会至1911年的各艺术门类中的文物精品，特别是其中的一、二级文物和故宫博物院缺少的重要资料。同时，对于现当代具有特殊时代艺术价值的各类作品故宫博物院也注意征集，并从严掌握，不断补充、完善故宫博物院的藏品体系。

在古代文物征集方面，1949年以来，故宫博物院被定性为以明清两代皇家收藏为基础的古代艺术馆。1964年，故宫博物院制定了针对征集古代文物的《故宫博物院征集文物大纲（草案）》，以征集

原清宫遗散在外的文物和辛亥革命前各艺术门类中的文物精品为目标。2003 年至 2012 年上半年故宫博物院征集重要文物的情况如下。2003 年，收购单《隋人书出师颂卷》，清宫旧藏，是书法史上著名的国宝级文物，徐邦达、启功先生著作中都早有论述，填补了故宫博物院隋代法书的不足。2006 年，接受台湾著名学者李敖先生捐赠的《乾隆题〈王著书千字文〉》，清宫旧藏。2007 年，收购《明朱元璋、朱厚熜书法合卷》，填补了故宫博物院嘉靖皇帝书法的空白，为故宫博物院法书类藏品增加一个亮点，同时也增加了存世极少的洪武皇帝朱元璋的书法作品。2009 年，收购日本银杏堂株式会社收藏的中国历代印章 167 件（套），内容丰富，品类全面，成系列，具有较高的研究价值。这是故宫博物院首次直接从海外回购中国文物。2009 年，收购流失海外的西周晚期青铜重器克钟 1 件。此件克钟是“克”组器中的精品，传世五件克钟里体积最大的一件，自清末出土以来，历经著名金石收藏家丁树桢、日本中村氏和奈良宁乐美术馆等收藏，并经罗振玉、王国维、郭沫若、樋口隆康等中日学者多次著录、考订，流传有序，专家一致将其定为一级甲等。

在现当代作品征集方面，随着文物博物馆事业的发展，故宫博物院为进一步丰富藏品，保持其收藏的历史延续性，将当代艺术品也纳入征集工作中来。特别是进入 21 世纪以后，故宫博物院站在传承中华文明、延续中华文化艺术发展长河的高度，从与古代藏品有密切传承关系的门类入手，将收藏当代艺术大师的作品作为一种更为自觉和主动的行动。实际上，中华人民共和国成立后，故宫博物院在藏品征集工作中，陆续收藏了一批当代艺术品，其中不乏徐悲鸿、齐白石、张大千、傅抱石、董寿平、关山月等艺术大师的精品之作。

2006年，故宫博物院召开藏品征集工作会议，达成了“对具有极高艺术价值的现当代艺术品、工艺美术品也应该注意征集，不断补充、完善故宫博物院的藏品体系，但必须从严掌握”的共识，并将其明确写入《故宫博物院藏品管理规定》有关章节中。2003年至2012年上半年，故宫博物院在当代艺术品的征集上做了不少工作，共计接受个人和单位捐赠当代艺术品172件（套）。其中24人次捐赠书画作品106件（套），50人次捐赠工艺美术品共66件（套）。

袁运甫先生捐赠展览开幕式

在书画作品方面，共有具有代表性的11位重量级艺术大师的55件作品。除2005年，李可染先生的《桂林纪游·月牙山图》、李苦禅先生的《远瞻》和卢光照先生的《褪了残红图》，由3位艺术大师的亲属捐赠故宫博物院之外，自2006年起，通过为艺术家举办捐赠个展、召开学术研讨会、出版捐赠图录或艺术作品集的形式，陆续接受了吴冠中、刘国松（中国台湾）、范曾、饶宗颐（中国香港）、张仃、黄苗子和郁风夫妇、袁运甫等8位当代艺术大师捐赠的代表性作品。这8位艺术大家均是中国当代书画创作杰出的代表性人物，在各自领域做出了独创性的贡献，代表了中国书画在当代发展的最高水准。他们的作品基于传统，包含着丰富的中华传统文化因素，同时又紧跟历史发展和时代需要，各有侧重，各具特色。他们的艺术，或涵养以诗文，或培植以学术，或积极吸纳西方文艺理论与技法，不断创新理念和实践，但都与故宫博物院丰富的古代书画收藏有着密切的传承关系。

吴冠中先生是学贯中西的艺术家。在60余年的艺术生涯中，始终追求创新，努力探索中西绘画艺术融合之路，其艺术成就和艺术理念为世人所推崇。刘国松先生是台湾著名艺术家，其用笔以外的工具与技巧作画，形成"拓墨"技法，开创了绘画技法的革命，开辟了中国书画新的绘画观念和空间。范曾先生是当代中国画坛的艺术大师，"以诗为魂，以书为骨"是其绘画的显著特色，同时诗词、书法、文章及学问亦颇负盛名。饶宗颐教授被东西方学者视为一位百科全书式的学人，其学艺兼修，除了书画创作，在考古、甲骨文、金石简帛、敦煌学、诗词等领域也均有卓越建树。张仃先生是20世纪中国的"大美术"家，跨越了国画、漫画、壁画、书法、工艺美术、美术教育、美术理论等众多门类，其焦墨山水画，为中国山水画的发展做出了突出贡献。黄苗子、郁风伉俪是我国当代卓有成就和影响的著名艺术家。黄苗子先生兼文化学者、书法家、画家、作家于一身，书法独成"苗子体";郁风先生是著名画家、美术评论家、散文作家，其画作意境清雅，抒情意味浓郁。袁运甫先生是我国著名的画家、公共艺术家和艺术教育家，涉猎中国画、油画、水粉画、插图艺术、设计艺术和大量公共艺术创作活动，其为中国水墨画艺术的发展做出了历史性贡献，在公共艺术创作上，堪称中国现代壁画复兴运动的开拓者、引领者。

这些艺术家们的另一共同特点，是他们在以其个人突出的艺术特色和水准，继承并推动中国传统书画艺术的同时，又都桃李满天下，以其诲人不倦的精神为我国书画艺术的传承培育了众多的中坚力量，在社会上特别是艺术界具有极大的影响。接受这些艺术家的作品，延续了故宫博物院书画收藏，使之更加完备和有序，具有重要的历史意义。

在工艺美术品方面，接受了16位具有代表性的中国工艺美术大师捐赠的17件作品。例如紫砂。宜兴紫砂自明代以来，以其深邃的文化品位和人文亲和力享誉全球，将中国陶瓷之美发展到极致。故宫博物院收藏的35万多件古代陶瓷器中，有将近400件宜兴紫砂器。紫砂在明清宫廷中颇受青睐，曾一度无比辉煌，为宫廷艺术的发展做出了巨大贡献。为此，2007年故宫博物院接受了9位紫砂类中国工艺美术大师，包括徐秀棠、汪寅仙、徐汉棠、吕尧臣、谭泉海、李昌鸿、鲍志强、顾绍培、周桂珍的作品，同期举办的“紫泥清韵——故宫博物院藏宜兴紫砂展”，不仅展出了院藏明清时期的宜兴紫砂精品，而且还展出了当代宜兴紫砂大师的作品，观众从中可以清晰地看到紫砂工艺的历史发展脉络。又如2009年采取类似的方式接受了12位当代寿山石雕大师——其中包括林亨云、林发述、王祖光、叶子贤、林飞等5位中国工艺美术大师——的捐赠，并举办了展览。另外，中国工艺美术大师（陶瓷类）秦锡麟、王芝文也都捐赠了代表作品。

2003年至2012年上半年捐赠情况为，个人及单位捐赠共计92次669件（套），其中古代文物380件，现当代作品289件（套）。个人捐赠者共计87人次，捐赠663件（套），其中，古代文物380件，现当代作品283件（套）；单位捐赠共计5次，捐赠现当代作品6件（套）。

在故宫博物院文物保护调研座谈会上的汇报

（2012 年 7 月 26 日）

一、故宫的文化身份特性

故宫博物院的文化身份极为特殊，表现在：第一，它是世界上规模最大的古代宫殿建筑群；第二，它是中国第一批世界文化遗产；第三，它是世界上文物藏品和文化资源最丰富的博物馆；第四，它是当今世界上观众来访最多的文化旅游目的地。这些文化身份集于一身，就要求故宫博物院通过不懈的努力，成为令人尊敬的文化典范。

二、故宫博物院近年来的工作

在过去 10 年里，故宫博物院走过了历史上最为辉煌的发展历程。全院同人团结协作，奋发有为，克服了很多困难，开展了很多史无前例的基础性工作，对故宫博物院的可持续发展将产生深远的影响。

（一）开展文物藏品清理

故宫博物院藏品及宫廷遗物数量巨大、种类繁多。2004 年故宫博物院开展了为期 7 年的第 5 次文物清理工作。经过清理，故宫拥有的藏品总数为 1807558 件，其中珍贵文物 1684490 件，占文物藏品总数的 93.2%，占全国文物博物馆系统馆藏珍贵文物的 42.0%，做到了账、卡、物一致，摸清了家底。

（二）文物建筑整体修缮

自2002年起，在坚持开放的情况下，故宫开始了文物建筑整体修缮，确定了保护工程的五大任务：一是保护故宫整体布局，彻底整治故宫内外环境；二是保护故宫的文物建筑，全面保护其蕴含的文物价值；三是系统改善和配置基础设施；四是合理解决文物建筑利用功能；五是改善文物展览陈列、保存环境。

“院士走进紫禁城”文化活动

（三）收回占用文物建筑

近十年来故宫博物院开展了清理、收回故宫内外被占用文物建筑的工作，陆续收回了大高玄殿、御史衙门、端门及两侧朝房、午门雁翅楼、宝蕴楼等。这不仅对故宫的完整保护有着重要意义，也有效地拓展了故宫博物院的文化空间，为更好地服务社会提供了契机。

（四）扩大国际文化交流

近年来，故宫博物院充分发挥紫禁城的重要文化功能以及故宫文物藏品的独特优势，配合国家外交大局，扩大国际文化交流。先后与英国大英博物馆、法国卢浮宫博物馆、美国大都会艺术博物馆、俄罗斯艾尔米塔什博物馆等世界著名博物馆签署合作协议，建立长期合作机制。

三、故宫存在的安全问题

故宫作为中华文明的重要载体和象征，位于首都北京的心脏地带，距天安门不足150米，离中南海不到300米。因此，故宫的安全不容任何闪失。然而，目前故宫的安全形势极为严峻，占地112公顷古建筑群的安全、180万件珍贵文物藏品的安全、每年1500万中外观众的安全，始终是做好故宫安全保卫工作的关键。

（一）亟待解决火灾隐患问题

故宫高压消防系统覆盖不全面，一些古建筑周围没有设置消防栓。故宫古建筑因雷击损坏及引发火险的事情时有发生。因展览、安全保卫需要，古建筑群内各种电气线路密如蛛网，灯光烘烤、电线老化发热等因素，随时可能引发火灾。同时，故宫院内现有59座临时建设的彩钢房，存在严重安全隐患。

（二）亟待解决盗窃隐患问题

故宫安全保卫设备建于20世纪90年代，十多年没有升级。目前盗窃手段不断提升，针对博物馆的文物犯罪呈现集团化、智能化和暴力化的趋势，在巨大的经济利益驱动下，一些不法之徒把犯罪之手伸向博物馆的珍贵文物。由于故宫博物院的文物藏品价值高，防盗问题更加突出。

（三）亟待解决震灾隐患问题

北京地处燕山地震带与华北平原中部地震带的交汇处，历史上发生过多次强烈地震，故宫文物库房的文物藏品和日常陈列展览的文物展品存在防震安全问题。同时，文物藏品库房面积严重不足，瓷器等数量巨大的脆弱文物藏品集中叠垒在一起，没有条件装入囊匣存放，面临巨大安全威胁。

（四）亟待解决文物保管问题

受当时技术条件制约，二期地下库房采用水冷式空调，在地下库房上方储备了约 50 吨水作为冷却水源。目前冷却管、蒸发器已锈蚀，一旦开裂，文物将遭灭顶之灾。同时，大量古建筑作为文物库房，达不到防火、防震、防雷、防虫、防潮和防尘等文物藏品基本保管条件。很多文物藏品就地堆放，导致病害发生并蔓延。

（五）亟待解决基础设施问题

故宫的基础设施大部分建于 20 世纪 50—80 年代，有的可以追溯到清末民初，甚至明朝，各个时期的设施犬牙交错，缺乏统一规划，而且老化现象严重，有些锈迹斑斑，甚至层层剥离脱落，零件腐蚀严重，存在跑冒滴漏甚至爆裂现象，随时可能发生问题，隐患重重，亟待统一规划、改造更新。

（六）亟待解决参观安全问题

作为全球著名的文化旅游目的地，故宫承担着繁重的观众接待任务。10 年间，故宫博物院的观众从 2002 年的 700 多万，增长到 2011 年的 1400 多万，并以每年 100 万左右的数量增加，构成了全世界观众数量最庞大、结构最复杂的参观群体，由此造成的拥挤、踩踏和人身伤害事件的威胁不断加剧。

四、围绕安全正在开展的工作

故宫在社会民众的心目中具有重要的地位，崇高而神圣，人们把故宫文化遗产的保护看作每个人的职责，具有强烈的责任心和使命感。作为“故宫人”，保护好故宫文化遗产，建设好故宫博物院，更是我们的神圣职责，使命神圣而光荣，责任重大而艰巨。

（一）科学规划，加强管理

一是编制《故宫保护总体规划》，合理确定故宫博物院 112 公顷用地的功能性质和 25 万平方米建筑的合理利用问题，预计 2014 年完成规划编制报批。二是加强管理，针对安全保卫各项制度进行了全面修订，包括综合管理、安全管理、人事管理、古建与工程、观众服务、后勤服务等 11 大类规章制度。

（二）开展故宫世界文化遗产监测

一是成立故宫世界文化遗产监测中心，建立故宫世界文化遗产监测信息化平台。二是制订 2011—2015 年故宫遗产监测工作实施计划，对文物建筑、室外陈设、植物动物、环境质量、游客动态、安全防范、基础设施、馆藏文物、非古建筑、监测保障等 10 个方面内容进行监测。

（三）提升安防能力

一是按计划稳步推进故宫安防改造工程，预期在 2014 年竣工，将使故宫安全防范系统得到有效提升。 二是提升安防理念，升级完善各项安全预案，加强培训，进行实战应急演练，提高应战、应急能力。三是通过调研并尝试在故宫安全防范中应用“物联网”等先进技术。

（四）提升公共服务水平

一是建设端门公共服务区域，包括观众咨询中心、票务中心及午门安检、检票通道系统等设施建设。二是清理环境，改造展厅，畅通参观路径，确保观众安全。三是努力研发多语种自动讲解器等观众服务设施。四是协调北京市有关部门，共同保障和维护故宫周边的良好秩序。

（五）提升科学研究能力

一是组织职工进行业务培训与新员工培训，提升业务人员工作能力。二是加强科研课题、科研项目申报与管理，提升科研管理水平。三是与高等院校、科研机构建立长期战略合作关系。四是开展国际文化遗产和博物馆领域合作，拓展视野，提升科学研究水平。

（六）提升文化传播能力

一是重视媒体工作，加强与广大公众的沟通，虚心听取媒体和社会公众的意见和建议。二是筹建“故宫博物院数字博物馆”，与首都机场合作“文化国门——故宫印象”文化展示项目，传播故宫文化。三是利用各类主题日、文化活动、对外展览等开展多种形式的文化推广活动。

五、实施“故宫平安工程”的建议

建议实施“故宫平安工程”，设立专项资金或返还故宫博物院门票收入。争取在2015年以前，即故宫博物院成立90周年之时，有效消除目前存在的防火、防盗、防雷、防震、防踩踏等方面的重大安全隐患。在2020年以前，即故宫肇建600年之时，基本实现故宫博物院安全稳定的健康状态，实现故宫平安。

（一）实现文化遗产完整保护

通过编制《故宫保护总体规划》和制定《故宫保护条例》，实现故宫文物本体及周边环境的有效控制；通过端门城楼、大高玄殿等文物建筑的保护修缮和合理利用，作为数字博物馆和“故宫文化讲坛”对社会开放；通过坚持不懈的努力，实现对长期占用故宫单位的腾迁，使世界文化遗产保持真实性和完整性。

（二）实现环境质量稳步提升

通过西玉河基地启动使用，为故宫博物院环境整治创造条件，通过对彩钢房、花房等设施的搬迁改造，消除安全隐患，提升景观质量；通过清理院内堆积的木材、砖瓦等建筑材料，净化文化环境；通过加强文物建筑、古典园林的日常保养、修缮，保持文化景观应有气质。

（三）实现安防设施全面覆盖

通过实施消防系统、安防系统改造，提高故宫安全保卫等级；通过主动追踪、探索最前沿的安全技术和安防理念，实现保障古建筑、文物藏品和观众安全的多种手段全面覆盖；通过配置囊匣、轨道式密集柜、减隔震设施等手段，实现文物藏品的全面抗震防护。

（四）实现开放区域持续扩大

通过有序开展文物建筑修缮工程，实现西部区域对外开放，使全院开放参观面积由目前的 45% 扩大到 76%，有效缓解中心区域的参观人流压力。通过在故宫博物院南部形成以午门城楼及东西雁翅楼、武英殿和文华殿为主体的大型博物馆展览设施群，强化博物馆社会职能。

（五）实现文物库房功能改善

通过对第一、二期地下文物库房进行升级改造，完善文物保护功能，将水冷系统改为风冷系统，更换陈旧老化设备，实现温度、湿度的调控功能分区。同时，建设第三期地下文物库房，配套复建内务府建筑，增加文物储藏保管功能，逐步减少并最终弃用地面文物库房，整体提升文物藏品保存条件。

（六）实现文物藏品保护修复

通过故宫文化中心建设，根据文物藏品性质设置各类保护修复室，实现上百万件文物藏品的系统保养修缮，阻止和延缓各种因素所造成的文物藏品腐蚀，使文物藏品益寿延年；通过非物质文化遗产保护，使文物藏品传统技艺得以传承；通过文化产品研发，使更多观众能够“把故宫文化带回家”。

从“故宫”走向“故宫博物院”

（2012 年 9 月 8 日）

今天非常高兴故宫讲坛终于开办了，作为一个博物馆的讲坛，地点不是设在博物馆的馆舍内，而是办在社区、办在民众中间，为的是架起博物馆与民众之间的桥梁。

大家知道故宫是封建王朝的皇家宫殿建筑群，今天是一座人民的博物馆。故宫博物院在国家不断加大对文化建设投入的同时，所开展的各方面工作日趋丰富多彩，但是我想，随着我们展览活动的不断丰富，随着我们文物藏品的不断汇集，故宫博物院更应该从“数量增长”走向“质量提升”，同时故宫文化也应该从故宫博物院的“馆舍天地”走向“大千世界”，为此我们应该持续办好故宫讲坛，在这方面东城区给予了我们强有力的推动，在此表示诚挚的感谢。

今天我汇报的题目是《从“故宫”走向“故宫博物院”》，也就是指从作为皇家宫殿建筑群和重要旅游目的地的故宫，走向更加丰富多彩的、令人流连忘返的、具有强大文化传播能力的故宫博物院。

昔日的紫禁城今天拥有两个名字：一个是故宫，再过 8 年我们将迎来故宫建成 600 周年；另一个是故宫博物院。1924 年 11 月，末代皇帝溥仪出宫后不到 1 年的时间，故宫博物院就对社会开放了，一直持续到今天，已经走过了 87 年的历程。

故宫博物院不是一座新建的博物馆，它的文化身份极为特殊：

（1）它是世界上规模最大的木结构宫殿建筑群；（2）它是国务院公布的第一批全国重点文物保护单位，也是我国第一批世界文化遗产；（3）它是我国也是世界上文物藏品和文化资源最为丰富的博物馆；（4）它是世界上观众来访量最多的博物馆。这么多文化身份集于一身，就要求故宫博物院必须经过不懈努力，成为既值得骄傲，又令人尊敬的文化典范。今天，故宫博物院的专业化功能和社会化职能不断增加。但是我认为，其中最重要的职责，就是要不遗余力地保护好三项最值得骄傲的文化资源，一是壮美的故宫古建筑群，二是极其珍贵的故宫博物院文物藏品，三是热爱故宫文化的可爱的观众。

第一个方面是故宫的古建筑群。

我们有一组照片，展示出故宫古建筑群的文化特色。壮美的建筑、严谨的形制、绚丽的彩绘、生动的空间、精美的装饰、独特的色彩。故宫的色彩为什么独特，为什么难以模仿呢？因为它们不仅仅是工匠绘制的色彩，更是岁月老人画上去的色彩。此外，还有和谐的环境、典雅的园林等，共同构成故宫古建筑群的文化特色。

故宫对北京这座世界著名古都的文化特色也有突出贡献。大家知道，中世纪以后欧洲的城市，市中心几乎都是高耸的城堡，城堡周围是逐渐展开的民居和商业建筑群。而世界各地工业化以后的新兴城市，城市中心一定都是高楼林立的商务办公区。总之，古今中外大多数城市的中心区域，都是高耸的建筑形象。但是，北京正是因为有故宫古建筑群，此后又有天安门广场，所以城市中心区域呈现平缓开阔的文化景观。

同时，北京城有一条传统中轴线，从永定门到钟楼 7.8 公里，十分壮美，故宫在这条中轴线上也担负着非常重要的角色。如今在北京城区中心保留有丰富的天际轮廓、迷人的通视走廊和美丽的街道对景，故宫也都做出不可替代的独特贡献。事实上，筒子河环绕的紫禁城本身就是一个完整的文化景观，需要我们不遗余力地精心呵护。因此，保护故宫古建筑群的真实性和完整性是故宫博物院的一项重要职责。

第二个方面是故宫博物院的文物藏品。

记得在十多年前，介绍故宫博物院的文物藏品数量时，往往使用的数字是近 100 万件，但是在故宫全体同人的共同努力下，用 7 年的时间，对故宫博物院的文物藏品进行了一次最为彻底的清理，清理的结果使故宫博物院的文物藏品数量准确到个位数，每件文物藏品的实物和卡、账都做到了一一对应，今天可以清晰而骄傲地告诉社会公众，故宫博物院共拥有文物藏品 1807558 件，这是故宫博物院自建院以来，在文物藏品数量上第一个全面而科学的数字，并且故宫博物院的藏品总目将在近期对社会公布，故宫博物院将成为第一座公布藏品总目的国家博物馆。

如今故宫博物院的文物藏品分为 25 大类。其中，有绘画 53000 幅，如这里展示的《千里江山图》《五牛图》《富春山居图》等都是重要的绘画藏品；有法书 75000 幅，我们看到的《兰亭帖》《中秋帖》《伯远帖》等也都是著名的书法作品；有 28000 件碑帖，故宫收藏的碑帖年代早、价值高，上述绘画、法书和碑帖合计 15.6 万件。有 16 万件铜器，来自全国不同地域，特别是早期商周时代的铜器数量多，类型全，构成中国历史重要的见证；有金银器 12000 件，漆器 19000 件，珐琅器 6600 件，这些都是珍贵的传世文物。故宫博物院共有 32000 件玉石器藏品，见证着中华文明五千年的辉煌历史；有雕塑 10000 余件，经过研究，目前正在筹办故宫博物院雕塑馆；陶瓷器是故宫博物院藏品中的一个大类，共有 36.7 万件，绝大多数是来自景德镇等地的官窑瓷器；有织绣 18 万件，包括大量成衣、半成品和原料；有雕刻工艺 11000 件，如象牙制品、寿山石制品等，是精美艺术品之集大成；还有 13000 件其他工艺品，其中一些来自国外；有文具 68000 件，包括砚台、笔、墨等文房四宝；有生活用具近 4 万件，它们是宫廷生活的见证，如用猎物标本制作的椅子，造型奇特，古老的普洱茶砖已有数百年的历史；钟表仪器是一个特殊类别，大多数来自外国，也有在紫禁城内监制的，在 2800 件钟表仪器中，有 2200 件是钟表，它们来自瑞士、英国、德国、法国等国家，但是这些国家博物馆的钟表藏品都没有这里丰富；宗教文物藏品极为珍贵，共有 42000 件，很多唐卡、铜佛来自西藏、青海和内蒙古等地，为此故宫博物院建立了藏传佛教研究中心；武备仪仗是故宫博物院的特色藏品，共有 33000 件；还有帝后玺册 5000 多件，叙说着过去帝王的威严和权势；有铭刻 33000 件，这是非常重要的藏品类别，因为有文字的文物比没有文字的文物具有更加重要的价值，它们在真实地述说历史，比如照片上的石鼓出土于陕西省宝鸡市，就是“国宝”中的“国宝”。在故宫博物院的藏品类别中有一类是外国文物，共计 1800 余件，实际上，加上其他工艺、钟表仪器等藏品类别中的外国文物，故宫博物院的藏品中来自外国的文物数量应不低于 1 万件。大家知道，我国没有侵略别国的历史、没有掠夺和盗窃过别国的文物，因此在我国的博物馆藏品中，外国文物的数量很少。故宫博物院所藏外国文物，有的来自历朝历代的文化交流、丝绸之路的文化传播，也有特意到当地购买，都具有合法的身份，将来条件允许，也可以设立外国文物展厅。另外还有其他文物近 4000 件，是中华人民共和国成立初期国家领导接受来自各界的礼品；有 60 万册古籍文献，包括大量孤本善本古籍；最后一类是古建藏品，有 4900 余件，也是故宫博物院的特色文物藏品。以上是故宫博物院 25 大类文物藏品的总体框架。

故宫博物院与天津大学战略合作意向书签约仪式

在来故宫博物院工作以前，我只知道故宫博物院的文物藏品数量多，价值高，但是并没有定量的概念。实际上，就数量来讲，根据国家文物局的统计，全国文物收藏单位保管的一、二、三级珍贵文物共有 401 万件，其中 168 万件保管在故宫博物院，占全国珍贵文物数量的 41.98%。就价值来讲，可以说几乎全世界的博物馆藏品结构都呈金字塔形，即塔尖上是珍贵文物，塔身是一般文物，塔底是待研究的资料。唯独故宫博物院呈现倒金字塔的藏品结构，珍贵文物占 93.2%，一般文物占 6.4%，资料占 0.4%。

无论是过去，还是现在，只有具有突出历史、科学、艺术价值的珍贵文物，才可能进入故宫博物院的藏品系列。今天我们仍然坚持这样的原则，极其慎重地选择进入故宫博物院的藏品，特别是对于接受现代艺术品、工艺品的捐赠。事实上，过去10年间，故宫博物院只接受了11位艺术家的现代书画作品，其中8位是在世的德艺双馨的著名艺术家，同时每位艺术家捐赠的作品不得超过10件，并且一定是其代表作。因此，10年间故宫博物院接受的书画捐赠不到50幅，其中有最近袁运甫先生捐赠的5幅代表性作品。这样做一方面对未来发展负责，再过500年，再过1000年，故宫博物院收藏的文物藏品，仍然是各个时代最具价值的、最珍贵的，体现出故宫博物院藏品的质量特色。同时，按照国际博物馆协会的呼吁，应该为其他博物馆筹集藏品留有更多的余地，为此，故宫博物院身体力行。

第三个方面是故宫博物院的观众群体。

故宫博物院的观众数量，中华人民共和国成立初期的1949年是100万，2002年是700万，当时全世界观众数量最多的博物馆是法国的卢浮宫，达到800万。10年过去了，2011年故宫博物院的观众数量为1411万，也就是说10年之内观众人数整整翻了一番，故宫博物院成为世界上唯一全年观众数量上千万的博物馆。

对于合理控制故宫博物院观众数量的增长，虽然进行了不懈努力，但是效果不太理想。今天人们的生活逐渐富裕起来，越来越多的家庭加入旅游大军，初次到北京的旅游者，十之八九要参观故宫，这种持续增长的态势，一方面会使故宫文化传播能力更加强大，另一方面也使故宫文化遗产保护的压力不断增加。

同时故宫博物院观众在空间和时间的分布上非常不均衡。在空间方面，观众，特别是初次参观故宫的观众，进入故宫，都要沿着中轴线，一直往前走，形成巨大的过于集中的人流。在时间方面，全年观众数量有着明显的淡季和旺季，在观众流量曲线图上呈现出“双针一峰”图形，即“五一”“十一”两根针，那根针头总是每年的 10 月 2 日，暑期则是一座高峰。故宫博物院每年还有很多特殊接待任务，例如 2011 年接待国内外贵宾 843 批 51127 人。

过去 10 年，我认为是故宫博物院建院 87 年来做事最多、成效最显著的 10 年，郑欣淼院长和全体同人对故宫博物院建设做出了突出贡献，并对今后的可持续发展进行了很好的筹划，制订了故宫博物院发展总体规划纲要，制订了每五年的发展计划。今天我们继续遵循既定发展总体规划和发展计划所确定的原则和方向，推进每一项工作的落实。

下面介绍一下我们正在开展的十个方面的工作。

第一个方面是正在编制故宫保护总体规划。在已有故宫保护总体规划大纲的基础上，目前启动了故宫保护总体规划的编制工作。希望通过保护总体规划使故宫 1.2 平方公里的用地和 25 万平方米的建筑使用功能得到明确规定，特别是使 9000 余间古建筑的使用方向更加清晰，使文物修缮、陈列展览、公众服务等各方面发展定位更加准确。在这次保护总体规划编制中，还要对故宫周边的环境，包括全国重点文物保护单位的建设控制地带、世界文化遗产的缓冲区等，按照有关法律进行规范，提出明确要求。

几年来，故宫博物院的管理使用范围也在发生着一些变化，这里有两张工作用图，一张是过去使用的，另一张是现在使用的，可以看到故宫博物院的空间环境有了很大的发展。在故宫博物院的南部，从午门一直延伸到端门，宽阔的午门至端门广场已经交由故宫博物院进行管理；在故宫博物院的北面，北海和景山中间的大高玄殿也已经交由故宫博物院进行管理。这样实际上，故宫博物院的文化空间往南往北都扩展了很多，为故宫博物院的长远发展和更好地服务观众，创造了新的条件，提供了新的机遇。可以设想数年以后，虽然紫禁城每天5点半关门，但是故宫博物院仍然可以对社会开放，端门建筑群和大高玄殿建筑群，一南一北，可以继续作为故宫博物院对外开放的文化设施，为更多的市民和观众服务。

我们还有一个目标，就是在这次保护总体规划实施中，能够把红墙以内的全部空间都用于观众参观，夜间可以作为更加封闭的环境，加强安全保护管理，这样故宫开放面积会更大，文物藏品也会更加安全。实际上故宫有两道高墙，外面一道是紫禁城城墙，里面一道是俗称的红墙。红墙以内目前有一些科研单位，今后几年将创造条件把这些单位搬到红墙以外，即在紫禁城城墙以内、红墙以外的西河沿地区，复建一组古建筑，用于安排这些单位。这组复建建筑面积13000平方米，可以安排红墙内的全部13处科研单位。这个方案已经被国家文物局批准，并报联合国教科文组织备案，目前进入实施阶段，明年将正式开工。

另外，在故宫保护总体规划中明确进一步扩大开放面积。2003年故宫古建筑整体维修之前，故宫博物院的开放面积占总面积的30%，现在达到了45%。目前开放部分为故宫的中路和东路，伴随着整体维修工程的进展，计划在几年之后开放故宫的西部区域，使故宫博物院的开放面积达到70%以上。

事实上，自故宫博物院成立以来，西部区域几乎没有开放过，对于观众来说这是一处具有神秘感的区域，此次将制定西部区域文物建筑和园林的开放计划。首先将封闭的隆宗门打开，已经维修竣工的慈宁宫将作为雕塑馆开放。同样已经维修竣工的寿康宫安排进行原状陈列，即将维修竣工的慈宁宫花园也将实现对社会公众开放，还有建福宫中正殿，作为藏传佛教文物研究和陈列场所，建福宫花园区域作为文化场所对外开放，经常举办一些公益性文化活动。隆宗门目前作为游客餐厅使用，观众在门洞里就餐，冬季寒冷，夏季炎热，遇有风沙更加缺乏卫生保障，而隆宗门对面现在是古建修缮中心，这里是造办处旧址，院内没有古建筑遗存，在规划中可以作为故宫西部的游客中心，使观众在这里能够享受到体面而温馨的服务，同时这里相对封闭，不会对环境景观造成影响。

保护总体规划中还将明确午门和两侧雁翅楼的使用功能。几年前午门已经作为展厅开放，效果很好。雁翅楼内原来存放着 39 万件“文留文物”，目前已经移交给国家博物馆，使国家博物馆的藏品从 60 万件增加到近 100 万件，因此而腾退出来的两侧雁翅楼建筑规模较大，每侧建筑面积都达到 1000 平方米左右，需要在规划中合理定位。武英殿西侧的宝蕴楼，过去是国家文物局信息咨询中心的文物仓库，目前已经移交给故宫博物院，如何使这组故宫内为数不多的近代建筑能够在未来的博物馆中发挥作用，也是保护总体规划中需要研究的问题。

再有就是希望能够实现一段紫禁城城墙的对外开放，经过分析东华门经东南角角楼，再到午门这段城墙的保护状况、周边环境、外部景观比较适宜开放，在保护总体规划中可以加以论证，争取使观众有机会体验在城墙上登高远望的感觉。东华门目前正在进行修缮，修缮以后将作为古建文物的展示场所，同时展示故宫古建筑群的历史沿革和文化内涵。

第二个方面是开展世界文化遗产监测。故宫是我国第一批世界文化遗产，具有重要的影响力，世界遗产监测是我国文化遗产保护中的一个难题，也是重点，故宫博物院在这方面应该有所贡献。目前已经建立了故宫世界文化遗产监测中心和故宫世界文化遗产监测信息化平台，这两项工作的完成，表明故宫世界文化遗产监测进入了常态化的实施阶段。监测的内容包括文物建筑、室外陈设、植物动物、环境质量、游客动态、安全防范、基础设施、馆藏文物、非古建筑和监测保障等十个方面，这些方面应该说涵盖了故宫、故宫博物院、故宫世界文化遗产的方方面面。

即将建立起来的监测信息管理系统，可以进行实时监测，采用数字化手段，对故宫的古建筑群和各方面保护状况进行不间断的监测，对展厅、库房的温度、湿度、光照度等进行监测和调控。同时，对故宫周边环境进行反应性监测，防止在城市规划建设中，出现大体量的建筑物、大规模的建筑群对故宫世界文化遗产的文化景观造成负面影响，及时向有关部门提出监测建议。还要积极促进仍然占用故宫用地、房屋资源的有关单位搬迁。

第三个方面是加强安全防范系统建设。故宫是世界上最大规模的木结构建筑群，故宫博物院的文物藏品具有极高的综合价值，同时，也是接待观众任务最繁重的博物馆。悬在我们头顶上有几把利剑，最担心六个方面的防范工作出现问题，即防火、防盗、防雷、防震、防泄漏、防踩踏，解决这些问题都存在一定复杂性和艰巨性，所以安全保卫防范任务极其繁重，必须警钟长鸣，应将安全工作永远放在各项工作的首位。同时要不断加强全体员工文物安全教育和文物安全技能的培训。

在防火方面，故宫高压消防系统覆盖并不全面，一些重要古建筑周围没有设置消防栓。近年来也曾经发生过火险，例如故宫的西北角楼就出现过火情，所幸及时得以扑灭。目前故宫的众多古建筑作为陈列展厅、文物库房使用，因为展览和安防等方面需要，不断有电路接入，造成古建筑群内各种电气线路密如蛛网，甚至形成复杂的网络，灯光烘烤、电线老化发热等因素引发火险的情况增多。

有一个消防中队驻扎在故宫博物院内，他们承担着故宫博物院和故宫以外地区的消防任务，他们的消防设备也需要不断更新，一定要采用最适合故宫古建筑群特点的最强大的装备，才能够应对复杂而艰巨的任务。要经常举行消防演习，因为故宫的环境十分复杂，例如不同地点有很多门，根据不同季节、不同时段、不同需要，这些门有时候打开，有时候关闭，因此在不同情况下到达发生火险现场的路径是不一样的，需要经常进行演习，把各种可能性考虑周全。还要适时举行联合演习，由驻院的武警官兵、消防官兵、保卫人员联合行动，预测各种可能性，以及火险发生后如何以最快速度到达现场，有效地控制火情，及时实施扑救。还要对故宫博物院的新进员工组织防火知识学习，举办防火技能培训，同时要求每个职工都能够学会使用消防器具，进行实操训练。

在防盗方面，正在提升监控系统。过去故宫博物院的防盗监控系统在北京地区是最先进的，但是更新的速度慢了一些，现在使用的是 1998 年建成的防范系统。事实证明，需要不断研发、不断提升监控系统。故宫博物院新的安防控制中心已经建成，新的安防系统将在 2014 年之前全部投入使用，目前完成一部分，投入使用一部分，新的安防系统的 60% 已经投入使用。即使在 2014 年新的安防系统全部投入使用以后，研发和提升安防系统的工作也不应停歇，必须不断采用更为先进的安防系统，例如采用互联网系统来提升安防能力。还要加强与驻院武警部队的沟通，使他们更多地承担保卫故宫的责任。同时我们和北京市的公安应急系统保持着密切的联系，实现信息资源的共享，使他们对故宫博物院的安全随时给予指导和帮助。

在防雷方面，故宫古建筑因雷击损坏及引发火险的事情也时有发生。例如1987年故宫的景阳宫因雷击发生火灾。还有一些重要的古建筑没有安装有效的防雷设施，近期要作为当务之急加以解决。故宫内有一些空旷的场地，经常在暴雨天气下发生雷击。例如今年6月23日，值班人员眼见一个大火球从天而降，砸在一棵大国槐树上，造成国槐树死亡，非常可惜。如果这个大火球直接落在防雷设施不完善的古建筑上，后果不堪设想。因此，防雷设施需要不断完善，不断更新，确保采用最先进的技术和手段。

在防震方面，北京地处燕山地震带与华北平原中部地震带的交汇处，历史上发生过多次强烈地震，造成重大人身和财产伤害，所以防震工作一定要坚持不懈。故宫博物院文物库房的文物藏品和日常陈列展览的文物展品均存在较多防震安全问题。同时，文物藏品库房面积严重不足，瓷器等数量巨大的脆弱文物藏品集中叠垒在一起，没有条件装入囊匣存放，面临巨大安全威胁。因此，要在科研部门的帮助下，不断研究地震发生可能会造成伤害的文物藏品防震技术，采取预防措施。例如针对雨花阁里面的瓷塔和木塔，已经进行了防震设施的安装和监测，通过不断积累经验，使珍贵文物得到有效防护。

目前，虽然在文物库房中的一级珍贵文物基本配置了囊匣，但是还有很多瓷器等易碎的珍贵文物没有装入囊匣。实际上，故宫博物院很多定为二级品、三级品的珍贵文物，在其他博物馆都是一级品，所以应该给每一件易碎的珍贵文物都配备量身打造的囊匣。对于展柜，都应该配有防震和防倾倒的装置。目前地下库房保管的一些珍贵文物，仅具备非常简陋的防震隔震措施，采用一些简易办法进行防护，这不是长远之策，要不断提高防震能力，例如增加地下文物库房的面积，采取适用的金属质密集柜等设施，加强珍贵文物的保护。

在防泄漏方面，故宫博物院的基础设施大部分建于20世纪50—80年代，有的可以追溯到清末民初，甚至明朝，各个时期的设施混杂，缺乏统一规划，而且老化现象严重，有些锈迹斑斑，甚至层层剥离脱落，零件腐蚀严重，存在跑冒滴漏甚至爆裂现象，随时可能发生问题，隐患重重。同时，随着故宫博物院各项功能的提升，在地上地下有纵横交错的13种市政管线，早期一些管线甚至穿越古建筑群，对一些古建筑造成了伤害，亟待统一规划、改造更新。今后对这些市政设施如何布局，如何不伤害古建筑群，如何不伤害故宫的文化景观，需要进行系统的研究。最近在专家的指导下，故宫博物院基础设施的提升方案获得了通过，这次提升方案是以红墙外侧为重点，使基础设施建设对古建筑的影响降到最小。

在防踩踏方面，故宫博物院的观众数量以每年100万以上的速度增加，构成了全世界观众数量最庞大、结构最复杂的参观群体，由此造成的拥挤、踩踏和人身伤害事件威胁不断加剧。北京市旅游发展委员会主任鲁勇告诉我:故宫每年接待1000多万人次的参观者，而没有发生踩踏事故真是奇迹。确实这是非常令人担忧的问题。在北京密云多年前就发生过因为踩踏导致多名观众死亡的情况。故宫博物院里面有很多存在这类安全隐患的地方，例如御花园内观众密集，安全状况令人担忧。如何应对巨大的人流，在给游客提供优质服务的同时，确保他们的安全是一个需要不断提升的课题。

除了以上这些消除安全隐患的措施以外，还要加强故宫博物院员工的安全教育，要求每一位员工都能够正确地、专业化地对待文物建筑、文物藏品和服务观众，特别是对于每一位新员工都要进行必要的培训。我是今年进入故宫博物院的新员工，也参加了业务培训，听专家讲专业知识和技能，学习应知应会的内容。还有就是规章制度的学习，故宫博物院有较为完善的规章制度，关键要认真加以贯彻执行。近期编制了故宫博物院规章制度汇编，组织进行了培训，使针对每个岗位的规章制度内容都深入人心，并且进行了文物基础知识培训的考试。今年 4 月，所有接触文物藏品的员工都参加了这次考试，还举办了有关合同法知识的讲座，提高面对市场经济条件下日趋纷繁复杂的情况的应对能力。

第四个方面是实现文物藏品科学管理。经过故宫博物院全院上下的努力，首次较为彻底地摸清了文物藏品的家底，目前，一方面文物藏品管理转入研究性更强的文物信息编目工作，更加注重藏品科学化、规范化的展示利用；另一方面，以更加开放的姿态对社会公布故宫博物院的藏品总目，正在进行认真核对，计划今年年底，最迟明年年初向社会公布 1807558 件文物藏品目录。这是一项非常具有挑战性的工作，我国目前还没有大型博物馆公布文物藏品总目的先例，故宫博物院愿意接受这一挑战。为使社会各界掌握更多珍贵文物的信息，正在编制《故宫博物院藏品大系》，共计 500 卷，这是一项重大的文化工程，也是故宫博物院藏品清理工作的延续。

同时，正在抓紧研究故宫博物院文物库房的提升和改造，目前大量故宫古建筑用作文物库房，一方面影响对外开放的范围，另一方面这些古建筑达不到防火、防震、防雷、防虫、防潮和防尘等文物藏品基本保管条件。很多文物藏品就地堆放，导致病害发生并蔓延，保管状况很不尽如人意。因此，要不断完善地下库房，使地下库房功能更加强大，同时地下库房采用金属质密集柜以后，保管文物藏品的数量会有较大增加。现在地下库房保存 80 万件文物藏品，还有数量更多的文物藏品保管在条件相对落后的地面库房，需要逐渐增加和改善地下库房保管文物藏品的数量和条件。

第五个方面是推进文物建筑的修缮保养。目前故宫文物建筑修缮工作已经进入常态化阶段，我们坚持“先救命后治病”的原则，优先设计、修缮存在严重危险隐患的、能够产生较大文化传播影响的、能够更好地发挥社会功能的文物建筑。故宫博物院是世界上少有的一座365天都不休息的博物馆。故宫博物院的员工为社会发展做出了很大贡献，例如暑期为了使观众压力得到缓解，主动提前半个小时，甚至1个小时对外开放，这对于很多员工家庭来说日常生活受到很大影响，每天早晨5点多钟就要起床，接送孩子，照顾老人，料理家务，全家的生活规律都会被打乱，但是员工们克服困难，努力为观众提供更好的服务。故宫整体维修工程也是在坚持对外开放的情况下进行的，需要克服很多难以想象的困难。

这次整体维修工程是从武英殿开始的，当时武英殿是国家文物局所属单位的办公场所，维修竣工以后，武英殿作为书画馆对外开放，取得了很好的效果。此后故宫整体维修工程全面启动，已经开展了10年时间，取得了重大的进展。目前正在维修的有咸若馆、惠风亭、灵沼轩等，还有东华门。维修工程一般都伴随着文物建筑合理利用功能的提升。例如西华门维修之前，两边门洞是仓库，只有中间的门洞开放，维修以后三个门洞都得以打开，分别作为人行、车行和应急通道，可以满足各方面的功能，很多古建筑经过维修以后实现了对社会开放。

在故宫古建筑整体维修工程中，坚持不改变文物原状，最大限度保护历史文化信息，采用传统的建筑材料和工艺，这些使故宫的传统营造技术得以传承。维修工程的每一道工序都要坚持正确的理念和原则，例如乾隆花园内倦勤斋的修缮，就经历了非常复杂的研究与实施过程，首先组织国际团队进行科学攻关，这个团队的成员来自国外博物馆和文物保护科研单位，与故宫博物院的专家一起开展保护维修工程，前后用了 8 年时间，其中 2 年进行勘察测绘和设计方案制定，6 年进行维修保护，学术研究精神贯穿于整个维修过程，很多传统材料、传统工艺都通过到原产地进行调研并加以挖掘，使历史信息和传统技艺得以保护和传承。事实上，故宫每栋古建筑的修复，都伴随着大量的科学研究和传统技能的挖掘，才使其恢复历史原貌。在开展故宫古建筑整体维修的同时，还要注重古建筑的日常维修，使这些古建筑始终保持健康稳定的状态，这也需要进行坚持不懈的努力。

第六个方面是提升对社会公众的服务质量。故宫博物院的观众构成了世界博物馆领域数量最庞大、结构最复杂的观众群体。通过调整展览布局，合理扩大开放空间；通过提高服务水平、改善服务设施，有序疏导人流；通过提升接待观众能力，降低单位面积人流，减少拥堵风险。同时，通过与有关部门通力合作，改善故宫周边环境，优化参观路线，提高参观质量。

进入故宫博物院的观众随着季节、时段变化很大，冬季观众少，夏季观众多，特别到暑期观众非常集中。昔日每天午门前面购票的、等候的、存包的、安检的、验票的人群挤作一团，观众往往需要花 1 个小时甚至更长时间来购买门票，还没有进入故宫博物院，已经感到精疲力竭。我们希望这些永远成为历史，今后力争使前来的观众能够在 15 分钟以内买到门票，保持愉悦的心情进入故宫博物院。为此，在有关部门的支持下，对端门广场进行了环境整治。过去端门广场像一个小商品市场，众多摊位杂乱无章地挡住人们进入故宫博物院的通道和视线，不但影响人们对于文化景观的感受，而且难以提升观众服务的水平，同时端门广场的西侧朝房，常年举办内容低俗的收费展览，与故宫文化没有任何关系。端门广场移交给故宫博物院以后，下大力气对广场环境进行了清理，将全部的广场空间用于服务观众。西侧 50 间朝房依次排开，经过修缮后，增加售票设施，使售票的窗口扩大到了 30 个。今年进入暑期以来，虽然观众数量处于高位，但是人们都能在几分钟之内购买上门票，节约了大量时间和体力。

故宫博物院在端门广场设立了观众服务中心，这里设置了各种为观众服务的项目和内容，例如信息咨询、视频观看，手机充电，免费提供饮水、查询服务，免费提供导览图等。不断增加的服务项目，很受观众的欢迎，例如设置了老年观众、残疾人观众可以免费使用的轮椅，使用以后不用归还到原处，在出门时归还即可，实现循环使用。故宫博物院不断完善无障碍通道，方便有特殊需求的观众。同时提升了午门广场的环境，改善了目前的存包系统、安检系统、验票系统。今年暑期虽然观众人流仍然很大，但是由于各项服务的条件得到很大改善，总体运转更加有序。

人们进入故宫博物院之后，希望获得更多的故宫文化信息，为此我们不断提升自动讲解器的功能，目前故宫博物院自动讲解器可以提供 40 种语言的服务，包括各国语言、各民族语言，还有包括粤语、闽南语等在内的各地方言，面对不同文化需求的观众，分别提供知识性强的、趣味性强的以及适合青少年特点的自动讲解内容。一份导游图、一部自动讲解器在手，观众就可以得到较为满意的特殊参观感受。

第七个方面是维护整体文化环境面貌。故宫博物院应该拥有整洁的开放环境和工作环境，保持良好、健康的独特文化风貌，不断提升综合服务质量。长期以来，在故宫博物院内存在一些与历史环境很不协调的临时建筑，例如一些角落建有 59 栋“彩钢房”，一些地点常年堆积着大量建筑构件和建筑材料，还有 7 栋大花房，这些都与故宫的传统风貌格格不入，既影响环境景观，又存在严重的安全隐患。

故宫博物院在海淀区西玉河有一处昔日的窑场，经过近年的规划建设，营建了 8000 平方米的工作用房和文物库房，还形成了 5 万平方米左右的绿地，这一设施的建设为故宫博物院内的环境整治提供了机遇。例如由于热岛效应加剧，城市中心已经不适合传统花卉和植物的种植，而郊区的大自然环境能够更好地为传统花卉和植物的培育提供条件，因此计划将院内的大花房和相关设施搬迁到西玉河基地，建立传统园艺中心，恢复往日故宫传统花卉和植物的风采。计划将堆积在院内的建筑构件和建筑材料搬迁到西玉河基地，使用多少，运送多少，使环境更加整洁和安全。在故宫地下库房的上面是原内务府的所在地，目前作为施工暂设用房和砖瓦木材堆积场地，如果内务府建筑群得以恢复，将使故宫的文化风貌更加完整，还可以提供更好的工作环境，有利于解决院内 59 栋彩钢房的拆除问题，也可以减少利用古建筑办公的情况。

故宫博物院的环境需要大家共同维护，特别是在开放区域更需要得到观众的理解和配合。维护环境需要从小处着眼，我们号召每位职工在院内见到纸屑、烟头、矿泉水瓶等垃圾，都要弯下腰来，将它们捡起来，丢进垃圾箱，事情虽小，但是每个人都坚持这样做了，环境就会大为改观，取得意想不到的示范效果。清洁的环境可以影响观众的行为和心情，如果故宫博物院到处都是清洁的环境，观众就不忍心随意丢弃垃圾、污染环境了。在故宫博物院周边和院内还存在贩卖假票、兜售伪劣导游图、无照导游等行为，由于故宫博物院不是执法单位，没有执法权，只能依靠地区执法部门加大故宫博物院地区环境整治，加强管理，纠正不文明行为，改善参观环境。

第八个方面是增加开放陈列展览设施。通过合理规划陈列展览布局，明确原状陈列展览、常设陈列展览、专题陈列展览的相应区域，并在故宫博物院南部，构成整体的“金三角”大型展览设施。同时，通过建设故宫博物院数字博物馆，采取数字展示的方法，将更多文化空间、文物建筑和珍贵文物纳入展示的内容。

最近召开了故宫博物院展览专家论证会，对于今后几年陈列展览进行了定位。故宫博物院的红墙里面大致可以划分为五个区域，即中路、西路、东路、外西路、外东路，在陈列展览方面可以根据不同区域各有侧重，例如中路，又分外朝和内廷前后两个部分，中轴线上的宫殿建筑，从太和殿、中和殿、保和殿，一直到乾清宫、御花园，应继续坚持原状陈列，但是，外朝和内廷部分的两侧朝房要与相应的历史氛围和功能相吻合，外朝部分的朝房可以举办与外朝的庆典文化有关的展览，陈列武备仪仗等文物展品，而内廷部分则可以举办与内廷的生活文化有关的展览，陈列生活用具等文物展品。这样沿中轴线参观，观众能够感受到更加强烈的独特文化氛围，获得更加深刻的场所参观印象。

对于西路和东路，众多殿堂室内空间相对狭窄，很多室内空间观众不能进去参观，但是展览内容丰富多彩，拥有很多历史故事，主要采取原状陈列，但是原状陈列展示的方法需要不断完善，不断丰富室内陈设的文化内涵，使各种家具和器物的放置更加适合历史原貌，使观众能够获得良好的参观享受。

对于外东路和外西路，将有更多的空间用于故宫文物藏品的专题展览，通过研究不同类别文物藏品的内涵和特点，采取专题展览的形式加以呈现，例如在已有珍宝馆、钟表馆、陶瓷馆、书画馆，以及玉器展览、金银器展览等的基础上，正在筹办宗教文物馆、雕塑馆等，今后还会有更多类别、更加丰富的专题展览供观众参观。

目前，正在积极建设的故宫博物院前区的“金三角”展览区域，主要由三组古建筑群组成，一组是午门和两侧的雁翅楼，一组是东侧的文华殿，另外一组是西侧的武英殿，希望观众进入午门后，还没有跨过太和门，观赏壮美的宫殿建筑群之前，首先感觉到一个博物馆群体的存在。第一个展厅就是午门和两侧的雁翅楼展厅，外观完全保持历史原貌，室内是现代化的展览设施，可以承担故宫博物院一些重大题材的展览，也可以承担来自世界各地著名博物馆的优秀精品展览。文华殿作为陶瓷馆，武英殿作为书画馆，继续用于举办较高水准的专题展览。

再有今天很多年轻人都习惯数字化学习方式，主要通过电子阅读和信息互动来接受新的知识。而故宫博物院有大量不具备现场参观的文化资源，可以通过数字化展示手段实现文化传播，例如三希堂名气很大，乾隆皇帝曾经在这里御览了无数书画珍品，但是实际上三希堂室内面积只有 4.8 平方米，就像一般家庭的厨房那么大，因此不可能接待众多观众进入室内参观，但是可以通过数字化展示和虚拟现实技术，使观众获得相关知识。

因此，计划第一步在端门建设故宫博物院数字博物馆，将来大高玄殿维修竣工以后，也可以作为故宫博物院数字博物馆，使人们通过数字化展示，参观不能进入的殿堂，观赏文物库房里的藏品，与文物专家进行文化交流。实际上，对于故宫博物院来说，已经开展了十余年的博物馆数字化研究，制作了多部不同题材的虚拟现实展示成果，通过 20 ~ 25 分钟的演示，给人以深刻的文化震撼。将来在故宫博物院数字博物馆，无论白天还是晚上都可以进行多场演示。同时各个专题展厅也都可以设立有观众参与和互动的数字化演示区域，例如目前在陶瓷馆、书画馆已经设立了相应空间。

第九个方面是增强科学保护研究能力，通过推进博物馆学的理论研究和博物馆应用技术研究，加强文物藏品的保护，保证文物藏品的安全。与高等院校、科研机构开展跨部门、跨学科、跨行业的文物保护合作，有利于提升科学研究水平。国家文物局在故宫博物院设立了古陶瓷保护研究的重点科研基地，对古陶瓷保护研究是有力的促进，同时故宫博物院成立了古书画研究中心，创立了故宫学研究所，已经会集了不少研究人员，非常具有活力，研究成果不断呈现。

故宫博物院应该拥有功能强大的文物藏品保护修复中心。我曾经参观过埃及国家博物馆的文物藏品保护中心，其根据文物藏品性质设置了 8 个文物保护修复实验室，包括石质物品、木质物品、陶瓷、纸草、织物皮革、金属、玻璃以及有机物实验室，每个修复实验室都拥有相当规模，设施先进，国际一流，来自各国的文物修复专家都能够在这里参与文物修复研究工作。同时，这些实验室如同开架库房一样，可以使观众看到博物馆的“幕后工作”，激发观众对博物馆工作的热情。与埃及国家博物馆相比，故宫博物院需要保护修复的文物数量更多，涉及内容更加广泛，例如故宫博物院有 6200 件明清家具，其历史、艺术和科学价值很高，十分珍贵。但是这些家具大多保存在地面库房内，既不安全也不体面，既难以进行维修保护，也难以进行学术研究，修复这些明清家具需要较大的空间；再如故宫博物院有 1300 件明清地毯，现在的保管条件较差，不少地毯亟待消除病害，并且进行修复，也需要相当规模的工作空间。因此故宫博物院需要建设一个功能强大的文物藏品保护修复中心，这项工程的立项已经获得了国务院领导的高度重视。

故宫博物院文物藏品修复保护

故宫博物院拥有多项国家级非物质文化遗产，例如装裱修复技艺、古书画临摹复制技艺、青铜器修复及复制技艺、官式古建筑营造技艺等，这些非物质文化遗产的保护和传承也需要相应的空间。最近故宫博物院文保科技部举办了古书画临摹复制与装裱技术的展览，采取了互动和观众参与的形式，使幕后文物修复的专家走到台前来传播文化理念和修复技能，取得了很好的社会反响。

故宫博物院也在不断汇集文物藏品和研究资料，例如故宫博物院有一个考古团队活跃在全国各地与瓷器、陶器有关的考古遗址，经过60多年的努力，故宫博物院成为国内拥有陶片、瓷片珍贵标本资料最多的博物馆，也使故宫博物院承担起国家古陶瓷研究基地的职能。故宫博物院也不断征集流失宫外，特别是流失海外的文物藏品，对于一些珍贵清宫旧藏文物认真地进行征集和追索工作，记忆犹新的是2003年前后，启功先生、朱家溍先生、徐邦达先生和傅熹年先生等四位专家为故宫博物院流失文物回归进行鉴定把关，使一些重要文物得以回归故宫博物院。

第十个方面是强化故宫文化传播能力。故宫博物院不仅是保存、研究、展示文物藏品的文化场所，更是人们感受历史、引发思考的文化空间。应深入研究博物馆文化资源特征，探索文化传播的规律，拓展博物馆的传播功能，发挥博物馆文明对话的平台作用，以更加丰富多彩的方式进入社会民众的生活之中。故宫博物院持续举办面向青少年的公益性文化活动，结合暑期为孩子们举办参与性比较强的各类博物馆活动，由他们亲手制作来自故宫文物藏品信息的手工品，例如进行拓印，外国孩子也参加其中。还利用“国际博物馆日”和“文化遗产日”，开展丰富多彩的各种活动，例如国家大剧院和故宫博物院合作，在今年的“国际博物馆日”，开展鉴赏古典音乐的活动。

故宫博物院还有一支非常优秀、非常敬业的志愿者团队。这些志愿者其实给观众很大的信任感，因为很多志愿者曾经是大学教授、科研人员，他们非常专业，讲述的是融化在脑子里的知识，而不像一些年轻讲解员讲的是背出来的内容，因此志愿者老师们讲解得非常生动，观众非常喜欢。我们还要进一步发展壮大志愿者队伍，为志愿者参与故宫博物院发展提供更多平台。

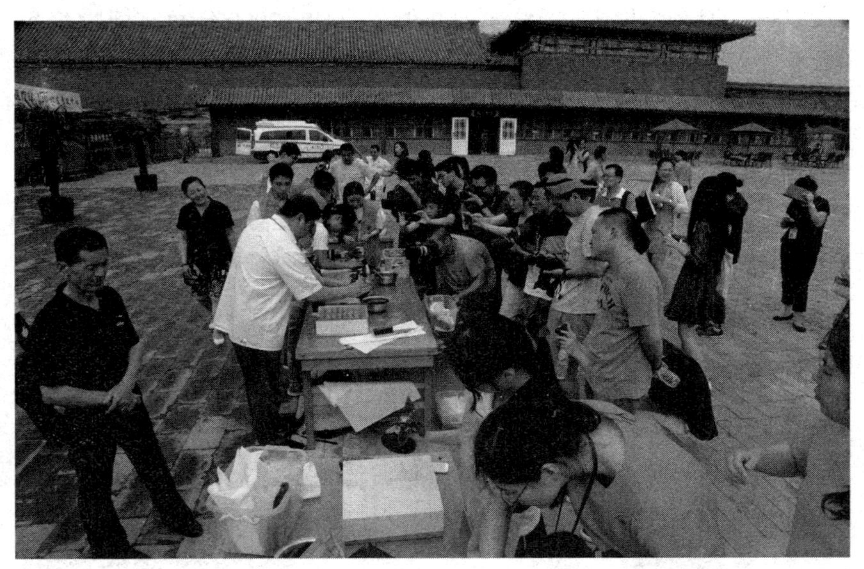

“故宫知识课堂”活动

故宫博物院拥有一个具有较大影响力的故宫网站，每天点击量在几十万人次以上，不断更新完善，丰富内容，使人们在故宫网站中可以获得更多的博物馆文化知识。同时，“永远的故宫”文化讲座持续在高等院校展开，使同学们在校期间就能够了解故宫文化，接受中华传统文化。同时故宫文化走进社区、厂矿等活动也在持续展开。

最近，故宫博物院的“故宫印象”展厅安置在了首都国际机场出境候机大厅，是唯一进入首都国际机场的文化设施。这个出境通道每年接待 1300 多万旅客，当人们候机期间感觉枯燥的时候，可以在这里享受故宫的文化，看故宫的书法藏品、瓷器展品、宫殿建筑。我曾经开玩笑说，可能需要提醒旅客不要因为欣赏故宫文化过于专注而误机。故宫博物院也把展览送到全国各地，例如今年在新疆举办的“故宫博物院清代新疆文物珍藏展”，在香港举办的“颐养谢尘喧——

乾隆皇帝的秘密花园”展览，均获得了成功。2009年故宫博物院和“台北故宫博物院”首次实现了两院院长互访，开启两院合作的一个新的阶段。如今在故宫博物院的会议室就可以和“台北故宫博物院”召开电视电话会议，两岸共同合作举办展览、合作召开科学研讨会以及两岸故宫重走文物南迁路等活动，都取得很好的社会反响。

“文化国门——故宫印象”项目揭幕仪式

长期以来，西方社会有一种说法，称世界上有四大博物馆，即英国的大英博物馆、美国的大都会艺术博物馆、法国的卢浮宫博物馆和俄罗斯的艾尔米塔什博物馆，对此我不能苟同。上述四座博物馆的确具有较强大的文化力量，它们分别属于联合国的四个常任理事国，但是如今联合国共有五个常任理事国，应该说世界上有五大博物馆，故宫博物院毫不逊色。故宫博物院已经和世界上十几座博物馆建立了合作关系，最近又和印尼国家博物馆签订了合作意向书，故宫博物院的文化影响和文化力量在不断增强。

故宫博物院的展览在世界各地很受欢迎，吸引了很多热爱中华传统文化的观众。故宫博物院“国宝观澜”展览在日本国立博物馆展出，从早晨开馆一直到下午闭馆，观众都排着长长的队伍。而“地上的天宫”展览在日本已经突破了100万观众。同时，故宫博物院也不断引进来自世界各地的展览，例如克里姆林宫的展览。为落实国际博物馆协会第22届大会关于在中国建立国际博物馆协会国际博物馆培训中心的决议，中国博物馆协会(国际博物馆协会中国国家委员会)与故宫博物院经友好协商决定，在中国设立培训中心，这是国际博物馆协会唯一一个设在总部以外的机构，而中国培训中心就设在故宫博物院。

故宫博物院拥有全国博物馆系统唯一的出版社，即故宫出版社，故宫出版社不断挖掘故宫文化内涵，出版了一系列精品图书奉献给社会。同时，故宫博物院还与中央电视台、新华社等新闻媒体合作，宣传故宫文化，12集大型纪录片《故宫》是目前海外电视台购买中国影视产品最多的一部，现在中央电视台正在热播《故宫100》。故宫博物院经常向媒体朋友、社会公众提供更多的故宫信息，进行文化交流，听取指导意见，使故宫博物院的发展走得更稳。故宫博物院鼓励专家学者出版有关故宫文化的书籍，阎崇年先生的《大故宫》已经出版了两册。

同时，希望故宫商店出售的文化商品更加具有文化魅力，所有故宫文化商品都应该体现从故宫博物院文物藏品中挖掘出来的文化信息，成为经过研发的特色文化产品，而不是从其他地方购进的大路货，无论价格高低，哪怕售价只有两三元，都一定要制作精美，让人们感受到扑面而来的故宫文化气息，而决不能粗制滥造。故宫商店正在做这方面的努力，让更多的观众“把故宫文化带回家”。总之，故宫是永远的故宫，故宫博物院将是更加开放的博物院。

遂初堂铜制故宫文化产品

加强博物馆藏品保护的思考[①]

（2013 年 4 月 25 日）

博物馆从诞生之日起，安全就是最重要的议题之一。社会和自然环境的变化，使文物藏品遭受自然和人为损坏的威胁不断增加。同时，博物馆作为珍贵文物最密集的汇集地，也是文物犯罪经常发生的场所。文物藏品保管不善的状况，在世界各地引起博物馆界的广泛关注。其中，博物馆文物藏品的保护内容家底不清、保护资源渠道不畅、保护环境质量不佳、保护安全状况不利、保护管理水平不高等问题，长期困扰博物馆的可持续发展，成为迫切需要解决的关键问题。

博物馆文物藏品是国家宝贵的科学、文化财富，是博物馆发展的基础。不断增加文物藏品数量和提升文物藏品质量，是博物馆义不容辞的责任。然而，对于文物藏品的保护管理，又是一项艰苦复杂的长期工作，必须通过持之以恒、锲而不舍的坚守，才能做好这项工作。馆藏文物是博物馆其他功能发挥的物质基础，博物馆认定评估和博物馆运行评估都应对文物藏品的清理建档、社会征集、环境改善、安全措施、预防管理等提出具体要求。

博物馆对文物藏品的收藏保护功能，是以实物为载体传承文化的重要基础。文物藏品是博物馆开展业务活动的物质基础，是

① 此文发表于《文物春秋》2013 年第 2 期，第 24 页。

实现陈列展览、社会教育和科学研究的实物资料。博物馆藏品具有实物性、科学性和教育性三大特征。首先是博物馆藏品的实物性。自 1683 年英国贵族 E. 阿什莫（E.Ashmole）将其私人收藏捐献给牛津大学，建立了第一个具有近代博物馆特征的艺术和考古博物馆以来，让整个社会感受到通过博物馆藏品的实物性所带来的丰富信息，包括人类活动和自然变迁的种种信息。因此实物性是博物馆藏品的主要特征，也是博物馆区别于其他教育机构的根本特点。其次是博物馆藏品的科学性和教育性，即通过对文物藏品的诠释和解读，来了解人类及其生存环境所提供的最直接、最可信、最具有说服力的证据，通过博物馆藏品服务于社会，满足社会公众的教育需求①。

欧洲早期博物馆的文物藏品收藏致力于世界性、全球性，例如卢浮宫艺术博物馆、大英博物馆、大都会艺术博物馆、艾尔米塔什博物馆藏品，都以包容世界各国文化而闻名于世。大英博物馆办馆宗旨是从世界各地收集不同历史时期的文物藏品，从而对比反映人类在不同地区、不同环境、不同背景的信仰、宗教、政治及文化生活。19 世纪末，美国的企业家和金融家聚积了大量财富，他们开始大量、迅速收藏欧洲艺术品，这些收藏日后逐渐成为各博物馆藏品的来源。美国国家自然博物馆以“地球”为主题，收藏人类和自然环境资料，共拥有各类标本达 1.26 亿件，堪称世界第一②。 而大都会艺术博物馆以其包括“世界上每个地区、每个时代、有记载的每种文化、任何已知质地、任何艺术类别”的博物馆藏品而自豪。

① 曹兵武：《关于博物馆的核心价值》，载《中国文物报》，2007-12-28（6）。
② 续颜、张振英：《21 世纪博物馆藏品与社会责任》，见《吉林省第五届科学技术学术年会》，1051 页，长春，吉林省科学技术协会，2008。

美国纽约大都会艺术博物馆馆藏中国文物

我国地域辽阔、人口众多，不同地区、不同民族都拥有独具特色的地域文化，因此，可供博物馆收藏的文物也必然千姿百态、丰富多彩。早在1905年，张謇先生创办我国第一家近代博物馆南通博物苑时，就主张藏品收集的范围“纵之千载，远之外国”。为丰富文物藏品，张謇先生率先将家藏文物捐赠给南通博物苑，开创了个人向国家捐赠文物的先河。他为南通博物苑制定文物征集方针，亲自撰写《通州博物馆敬征通属先辈诗文集书画及所藏金石古器启》的征集启事，利用一切机会丰富博物苑藏品。1910年清廷在南京开南洋劝业会，张謇任审查总长，闭幕后他征集和购买了大宗展品，例如动物、矿物标本及艺术品，使南通博物苑的藏品有了显著增加。其中较为珍贵的有他以300多两白银与日本人争购的露香园《昼锦堂记》字绣长屏十二幅[①]。

① 凌振荣：《张謇博物馆思想的特点》，载《博物馆研究》，2010（3），3页。

早在南通博物苑创建之初，张謇先生就考虑通过建立藏品档案加强文物藏品的保护。1914 年张謇先生为《南通博物苑品目》所作的序言中写道："仰闻公法战所在地，图书馆、博物苑之属，不得侵损，损者得索偿于其敌。世变未有届也。缕缕此心，贯于一草一树之微；而悠悠者世，不能无虑于数十百年之后。"对于南通博物苑，张謇先生不仅考虑了当前，而且想到将来。因此，他将南通博物苑文物的总账印刷出版，公布于众，使全社会都知道南通博物苑所藏的文物。南通博物苑共有展品 2973 号，所有文物均对外展出。事实证明，张謇先生的担心不无道理，1938 年春日本侵略者占领南通，南通博物苑成为日军兵营。除了少数馆藏文物被转移外，大部分文物藏品被日本侵略者毁坏。战争毁坏博物馆和馆藏文物之事，不幸被张謇先生言中。忆及此事，不能不佩服张謇先生的深谋远虑，也为他呕心沥血保护文物藏品的努力而深深感动。

中华人民共和国成立前夕，著名学者郑振铎先生大声疾呼："我们应该以全力来对付这种文化上的卖国人物！堵住了大门，阻止他们无穷无尽的倒卖、偷运的行为。"他曾悲愤地写道："我们读着史坦因、莱柯克诸人的考古报告书，仿佛目睹他们的掠夺，在发掘，在私自廉价收买，在剥切壁画而装入箱中，满意地运载而去，如入无人之境，不禁愤愤于当时边疆和政府官吏们的昏庸无知！"郑振铎先生指出："殷墟、周城、汉冢、唐墓，久已在私自发掘着。所发掘出来的东西，有许许多多我们是见不到的。这四五十年来，陆陆续续被私卖出去的古物、古文献，简直数也数不清。"当他听到"预料将来研究中国史学与哲学者，将不往北平而至华盛顿以求深造"的话，认为："这是民族之奇耻大辱！"于是他急切地呼吁："我们必须及时地挽救民族文化的厄运，堵住了大门，不能听任其流散出去。"为此，郑振铎先生身体力行，奔走呼号，做了许多有益的工作[①]。

1949年中华人民共和国诞生，郑振铎先生担任中华人民共和国第一任文物局局长，积极推动阻止珍贵文物流失国外的工作，在半年左右的时间里，中央人民政府即于1950年5月24日连续颁布两项命令，公布实行《禁止珍贵文物图书出口暂行办法》和《古文化遗址及古墓葬之调查发掘暂行办法》，开创了依法保护祖国珍贵文物的新纪元。1956年4月召开的全国博物馆工作会议，提出博物馆的基本性质是科学研究机关、文化教育机关、物质文化和精神文化遗存以及自然标本的收藏所。而1979年5月，各省、直辖市、自治区博物馆工作座谈会通过的《省、市、自治区博物馆工作条例》中明确规定博物馆是文物和标本的主要收藏机构、宣传教育机构和科学研究机构。该条例将科研、教育、文物标本收藏的旧顺序，改为文物标本收藏、教育、科研的新顺序，将文物收藏放在第一位，更加突出了文物收藏的地位。

1978年10月，联合国教科文组织第20届会议通过《关于保护可移动文化财产的建议》，其中将“可移动文化财产”定义为人类创造或自然进化的表现和明证，并具有考古、历史、艺术、科学或技术价值和意义的一切可移动物品。同时指明这些可移动文化财产，包括属于国家或公共机构的或者属于私人机构或个人的物品。同时，博物馆藏品既是展览的基础、研究的基础，更是一座博物馆不断向前发展，并立于社会的基础，而现代社会赋予博物馆更宽泛的收藏功能，这种功能带有永久性和公益性的特征。今天人们普遍认为，无论是人类生存的物证，还是生存环境的物证，都应该是博物馆收藏、保管、保护和研究的对象，是博物馆陈列展览的内容，是博物

① 马自树：《保护是永恒的主题》，见《文博余话》，169页，北京，紫禁城出版社，2011。

馆进行社会教育与文化传播的载体。因此，如何科学地保管好博物馆藏品，无疑是博物馆管理与发展的重要内容。

文物藏品清理是博物馆的基础工作，故宫博物院的清宫遗物数量巨大、种类繁多、储存分散，彻底摸清文物藏品家底是历代故宫人的不懈追求。早在1934年，故宫博物院马衡院长在呈行政院及本院理事会的报告中就曾明确地指出，文物藏品整理“非有根本改进之决心，难树永久不拔之基础”[①]。事实上，只要工作秩序正常，故宫博物院的文物清理就一直没有停止过。历史上，故宫博物院曾在1924年至1930年、1954年至1960年、1978年至20世纪80年代末，以及1991年之后，分别进行过四次文物清理工作。第一次文物清理后，编纂的6编28册《故宫物品点查报告》中，总共登记了117万余件物品。中华人民共和国成立以后，开展的文物藏品清理工作任务艰巨，包括从其他博物馆和文物部门调来了不少文物藏品，也接受了大量个人的捐赠，还收集了许多流散在外的故宫旧藏。

1990年和1997年，故宫博物院先后建成了一、二期地下库房，将原存放于地上库房的约80万件文物藏品陆续搬到了地下库房，对保管在地面库房的文物藏品也进行了妥善调整。从2004年至2010年，故宫博物院又开展了第五次文物藏品清理，也是更为全面的一次文物清理工作。经过全面系统的普查整理，故宫博物院的馆藏文物数量从近100万件增加到了1807558件（套），真正做到实物和目录一一对应。其中珍贵文物1684490件、一般文物115491件、标本7577件。这是故宫博物院自建院以来在文物藏品数量上第一个全面而科学的数字。经过几代故宫人的努力，故宫博物院文物藏品基本上做到了管理制度健全，账物相符，鉴定准确，档案完善，备案及

① 郭桂香、冯朝晖：《“这是我们这代人的责任”》，载《中国文物报》，2011-02-25（5）。

时，保管妥善，查用方便。

国际博物馆协会在2007年维也纳大会上提出“博物馆正面临威胁和放松对藏品的关注，然而藏品依然是与博物馆相关的知识、职能和价值的核心”。因此，深入发掘博物馆藏品的文化内涵和精神价值，从根本上提高博物馆社会认知度和竞争力，最大限度地服务于社会民众，成为博物馆事业发展的永恒主题。任何一座博物馆，不但在它建立之初需要积累一定数量的文物藏品，而且在持续发展的过程中，还需要不断地补充和丰富藏品。博物馆的文物藏品来源主要有以下几个方面：旧藏的文物；文物部门无偿调拨的文物；田野考古发掘的文物；从海关、公安、司法等执法机构调拨查没的文物；通过馆际交流采用交换展览或有偿借展形式获得的文物；无偿接受社会各界团体及个人捐献的文物；文物合法拥有者在博物馆付给一定奖励经费后捐赠给博物馆的文物；与文物合法拥有者进行协商而采取购买方式取得的文物；有偿征集的文物；流失海外或民间而回归的文物等。

博物馆藏品是国家宝贵的文化财产，博物馆各项活动的正常开展都离不开文物藏品。只有不断补充和丰富文物藏品，才能保证博物馆事业的发展和社会效益的发挥。长期以来，人们逐渐达成共识，即博物馆应根据本馆的性质和任务搜集藏品，藏品必须具有历史的或艺术的或科学的价值。《中国大百科全书·文物 博物馆》一书中提出：“藏品搜集的一个基本原则就是各类型的博物馆都必须根据自身的性质、特点和具体任务，有目的地制定本馆的收藏范围、搜集方针，并公布于众，以便不断地选出能充实馆藏空白的有收藏和陈列价值的文物、标本资料，使其得到妥善保护，并有利于提高陈列和科学研究水平。但各博物馆在搜集藏品时，必须注意遵守国家的规定，不得搜集违禁文物和破坏自然环境的有关标本，还必须注意不得搜集博物馆没有能力保护或无法陈列的文物。”

不断增加博物馆藏品是博物馆事业永恒的任务，为了博物馆的展览、研究和发展而增加文物藏品，为了昨天、今天、明天而收藏历史，这些理念十分重要。博物馆征集文物藏品的理念要不断更新、与时俱进。在我国，近现代文物是指1840年以来的社会历史遗存，涵盖了经济、政治、军事、文化及社会生活的各个方面，相对于古代文物而言，近现代文物的保存量十分丰富。据有关资料显示，目前我国有400多家博物馆、纪念馆收藏展示1840年以来的近现代文物，共征集保管近现代文物50多万件[①]。 国家文物部门制定的《近现代文物征集参考范围》和《近现代一级文物定级标准》强化了近代文物的标准界定，使人们认识到现当代文物也是人类在社会活动中所产生的“遗迹和遗物”，是中华人民共和国成立至今反映我国社会变迁、时代进步的实物资料。

近年来，国家文物部门和文物收藏机构不断为增加博物馆文物藏品做出努力。2003年11月，国家文物局发布《关于将“文留”文物全部移交国有博物馆的函》。为了博物馆免费开放后有更多文物藏品和陈列展览呈献给观众，武汉市将武汉市博物馆与武汉市文物商店合二为一，武汉市文物商店的众多保留文物成为武汉博物馆的馆藏文物，成为武汉市博物馆有史以来的最大一宗“文物征集”活动[②]。同时，馆际交流与合作是促进文物藏品收集的一个有效途径，既可以促进各博物馆资源优化配置，又可以充分发挥文物的社会价值和作用。但是由于目前相关政策的不完备，通过馆际交流征集的文物数量有限，文物行政部门对此应加以研究，不断加强博物馆相互之间的协

① 陈卓：《博物馆如何收藏和展示“今天”》，载《中国文物报》，2009-08-05（3）。
② 刘庆平、宋亦箫：《武汉博物馆免费开放后的实践与思考》，载《中国文物报》，2010-01-13（7）。

作、藏品资源的共享，建立博物馆之间互补、协作的良性互动。

事实上，不收藏或终止收藏与本馆定位不相匹配的文物藏品，既节约了管理成本，又能将之充实到其他更适合的博物馆，不仅能够充分地利用文物藏品，有效地发挥文物藏品应有的作用，更重要的是有利于在一定范围内形成富有特色的、系统的、完整的博物馆收藏体系，也使得博物馆的收藏具有更高的学术价值。因此，应鼓励博物馆之间进行正常的馆际文物交流，探索在政策法规允许的前提下，经过文物行政部门批准，本着双方自愿和互利的原则，采取多种方式，交换或调剂一方博物馆藏品中内容重复较多，或与本馆任务性质、主题特色不相适应，而又为另一方博物馆所需要的文物藏品，很好地解决博物馆藏品中的某些缺项，使文物藏品有更多陈列展示和合理利用的机会，更好地发挥文物藏品的作用。

《国际博物馆协会职业道德准则》强调："鉴于为未来完整地保存那些组成博物馆藏品的有意义的物品是博物馆之首要责任，因此通过研究、教育工作、长期陈列、临时展览以及其他专业活动并利用藏品开拓与传播新知识是博物馆的职责。这些活动应根据博物馆既定方针及教育宗旨予以执行，既不应有损于藏品质量，也不应有损于藏品的保管。"过去一些考古研究机构作为博物馆中的重要部门而存在，在正常情况下，经过考古发掘的文物在修复整理后，可以直接入藏博物馆，由于这一文物收藏重要渠道的畅通，有效保障了馆藏文物数量增加和质量提高。今后，应建立发掘文物定期向博物馆移交的长效机制，促进考古发掘—文物收藏—科学研究—文物展示—服务社会的良性循环。提倡博物馆与考古研究单位合并，例如湖北省文物考古研究所与博物馆重新合并就是这方面的成功范例。

博物馆应确立以保存社会记忆为核心的收藏政策，将系统收集反映人们生存状态与社会变迁的文物作为自己的职责，加强对主题性和系列性藏品的征集，提高文物藏品的有机性和整体性。收集今天就是对明天的历史负责。从某种意义上讲，博物馆应注重收集现当代文物，因为现当代文物真实地记录了当今时代的巨大变化，具有重要的文物价值和收藏意义。现当代文物存在于社会生活之中，范围广泛。博物馆应尽可能地利用有限的资源，把现当代文物的收藏面放宽，让文物在博物馆中沉淀。如今，博物馆藏品的质地种类繁多，体积参差，大到航天飞机，小到微型雕刻，只要具有历史、科学、艺术、教育价值的都可能成为博物馆藏品。事实上，没有任何一个机构能像博物馆这样保存自然与人类历史的足迹，从过去到现在到未来永续不断。正因为如此，国际博物馆协会的博物馆定义中写明“永久性机构”，作为博物馆的属性[①]。

日本博物馆的文物藏品中有相当数量的“寄托品”。所谓“寄托品”，即团体或个人委托博物馆代为保管的“博物馆级”文物或艺术品。保管期限从 1 年到 10 年不等。在此期间，博物馆有用现代化手段妥善保管、维修的义务，同时也有作为展品使用的权利。因此，“寄托品”在日本国立博物馆的展品中占有相当数量，甚至支撑着一些博物馆的“半壁江山”。例如据京都国立博物馆 2008 年度统计，“寄托品”竟是该博物馆自有文物藏品的近一倍[②]。 2008 年 10 月，日本国立科学博物馆向卡西欧电子计算器、带喷嘴的饮料自动销售机等 23 件产品颁发了日本未来技术遗产证书。珍贵的科技资料可以反映科学技术发展给社会、经济、文化等带来的显著影响，国立科学博物馆推出未来技术遗产证书颁发活动，是希望科学技术领域的

① 苏东海：《博物馆的沉思：苏东海论文选（卷二）》，北京，文物出版社，2006。
② 黄汉青：《日本博物馆的兴旺》，载《北京日报》，2009-05-15（14）。

经验能够更好地得到传承①。

但是，长期以来现当代文物征集在我国博物馆界未能引起高度重视。在科学技术日新月异、生产工具和生活用品不断更新换代的今天，大量具有重要文化价值和纪念意义的现当代文物，往往还来不及被界定为文物就很快消失。主要原因是，现当代文物产生时间不久，没有经过历史沉淀，有些仍在使用过程之中，因此其潜在的价值很容易被忽视。因此，博物馆应调整文物征集策略，增强征集现当代文物的意识，准确把握现当代文物的外延，将这些珍贵的实物资料收藏保管，避免在今后的博物馆研究和陈列展览中缺失这些重要内容。为了更好地保管和利用文物藏品，对于现当代文物藏品可以分为正式文物藏品和暂存文物藏品，分别进行管理。并定期对暂存现当代文物藏品进行整理研究，不断发现和认识文物藏品的价值，及时进行编目，办理正式入藏手续，转为正式文物藏品。

四川大学博物馆陈列展览

① 《日本选出首批未来技术遗产》，载《中国文化报》，2008-10-22（5）。

文物藏品的内容决定博物馆的性质，而博物馆藏品的质量和数量直接影响博物馆的社会效益发挥。随着城市建设进程的加快，“旧城改造”和“危旧房改造”使许多文物遭到破坏，甚至消失。为了及时保护、抢救城市建设中亟待抢救的文物，需要博物馆积极地通过各种途径进行文物征集。博物馆人员应主动地深入社区进行文物调查和征集工作，征集那些散落民间濒临流失或损毁的文物资料。这就要求征集人员既要有文物研究和鉴定的能力，又要有高度的使命感、责任感，确保文物征集的质量。博物馆还应通过广泛的文物保护宣传，向社会公众普及文物保护知识，宣传博物馆文物征集意义，说明博物馆文物征集内容，依靠社会各界提供线索。如此，方有利于拓宽文物藏品信息渠道，使博物馆文物征集工作顺利开展。

近年来，在博物馆工作中出现了是应该“以物为中心”还是应该“以人为中心”的讨论。对此苏东海先生指出，“博物馆的研究是从对物的研究开始的。离开了物，博物馆就变成了无根的浮萍，不知漂向何处”。“博物馆对人的关注与对物的关注并不是相互排斥的。如果‘专注’于人又忽视了物，则是一种新的偏颇了”[①]。段勇先生也认为，“值得关注的是，在一些博物馆的实际工作中，已经出现了片面理解‘以人为本’，不适当地利用藏品、忽视藏品保护、导致藏品受损的不良现象”。“总之，在博物馆工作中，应该坚持统筹、协调、可持续的科学发展观，把握好‘以人为本’与‘以物为本’的平衡。在藏品保护领域应秉持‘以物为本’的理念，同时兼顾合理的利用需求。在为观众服务领域应弘扬‘以人为本’的思想，但要以必要的保护为前提，二者不可偏废”[②]。

① 苏东海：《博物馆的沉思：苏东海论文选（卷二）》，北京，文物出版社，2006。
② 段勇：《关于我国博物馆若干概念的思考》，载《中国博物馆》，2010（1），14页。

博物馆通过对文物藏品的保管、研究，通过系统化、主题性的陈列展示，对广大民众进行知识、技能和人文精神的教育。文物藏品是博物馆全部活动的物质基础，如果没有文物藏品，博物馆的馆舍再华丽高大，也不能成为真正的博物馆。苏东海先生认为，“事物处于不断消失的过程之中，这是事物新陈代谢不可更易的自然规律。只有博物馆可以留住在消失洪流中的一部分文物，使之永远存在下去。博物馆是幸存下来的文物的最后归宿”。“文物经历了大浪淘沙式的社会选择，经历了漫长的聚散历程，最终到达了博物馆。文物在博物馆里不仅得以存在下去，而且得以发挥其使用价值，使它活得有声有色。可以说博物馆不仅是文物存在的最后归宿，也是最好的归宿”。陈燮君先生指出，“博物馆的藏品穿透了漫长的历史，抖落了历史的尘埃，演绎着沧桑巨变，表达着岁月坦诚”[①]。

文物藏品一般具有唯一性和不可再生性等特征，因此改善社会公众委托管理的文物藏品的保护环境，提升文物藏品安全管理水平，是博物馆的首要任务。文物藏品不仅是博物馆开展一切为社会和社会发展服务的物质基础，而且是长久保护、研究和管理的对象，对于人们认识人类社会和自然的客观规律，并促进当今社会的发展，具有重要的意义。文物藏品保护环境之所以至关重要，由博物馆是集中保护文物藏品场所的特性所决定。改善文物藏品保护环境历来是博物馆工作的重中之重，也是博物馆各项工作永恒的主题和根本。馆藏文物的保护和管理是一项系统工作，涉及不同职能和多种领域、学科的部门。现代博物馆的概念在不断地扩大，各种类型博物馆的文物藏品包罗万象，准确理解和处理好博物馆藏品与博物馆功能的关系，有助于完善博物馆藏品保护、管理和利用，扩大博物馆的社会效应。

---

① 陈燮君：《浙东文化：二○○八年第一辑》，11 页，上海，上海古籍出版社，2008。

文物藏品安全是博物馆第一要职[1]

（2013 年 4 月）

1978 年的《关于保护可移动文化财产的建议》指出，“保护及风险预防比发生损坏或丢失时的赔偿更为重要，因为根本的目的为保护文化遗产而不是用一笔钱款来取代不可替代的物品”。各成员国应采取一切必要措施以确保对博物馆和其他类似机构中的文化财产的适当保护。“敦促博物馆及类似机构通过包括切实可行安全措施和技术设施的综合系统加强风险预防，并确保所有文化财产的保存、展览、运输以保护其免受可能致使其损坏或毁坏的所有因素，特别是包括热度、亮度、湿度、污染、各种化学和生物药剂、振荡和震动影响的方式进行”。这里强调的风险指因不可抗拒力或其他因素导致可能发生的各种意外事故。

博物馆的风险管理和应急机制，就是博物馆有计划地对风险进行识别、预测、分析、衡量，以准确地把握博物馆运营中的各种不确定性，并选择科学、经济、合理的方法来避免、抑制或减少意外事故的发生及其造成损失的管理运行机制。博物馆风险识别，其步骤分别为确认风险、确认如何处理风险以及开始行动。博物馆风险规避与灾害预防，其主要方法是建立预防体制、根据博物馆风险评估结果进行预防准备、培训演练以及建立必要的应急保障机制。其

① 此文发表于《贵州文化遗产》2013 年第 2 期，第 2 页。

关键步骤包括有先期处置、快速评估、应急指挥与救援以及善后处理。针对博物馆出现的各种风险，必须用风险管理的理念予以应对。为此，必须建立健全博物馆风险管理和应急机制。

文物藏品的安全是博物馆的第一要职。文物藏品保护，主要强调保持文物藏品处于理想的状态，减少损失和伤害。一般来说，博物馆风险管理的方法可以通过事前风险规避、风险保险和发生之后的应急管理来进行。首先有效的风险规避可以完全避免某一种特定风险可能造成的损失，而其他的方法仅在于通过减少损失概率与损失程度来降低各种风险的潜在影响。所以，风险规避是对付风险最好的方法。在我国，随着博物馆文物展览交流项目的增多，文物在运输和临时展览期间因各种不确定因素的影响而受损的风险大大增加。在强化博物馆服务功能和文物藏品利用的同时，不能弱化文物藏品保护意识，而应加大文物藏品保护投入、改善展示条件，对一些特别珍贵或脆弱的文物藏品，应限定其展示的次数和时间。

随着文物价值越来越受到社会的认可以及免费开放的政策的实施，博物馆所面临的风险也随之加大。博物馆应提高风险意识，加强风险管理，尽量避免或降低各种风险给博物馆造成的损失。为此，博物馆应遵循预防为主的方针，通过加大投入和加强管理来消除风险隐患；应合理采用保险等方式对潜在风险进行分解转移，对于博物馆可能面临的突发事件，博物馆应制定科学合理的应急预案，以利于突发事件的快速妥善处理；博物馆应建立和完善风险责任制，做到责任到岗到人，建立起对风险的全员防控机制，有效应对博物馆可能面临的各种风险。在博物馆免费开放之后，还要制定人流控制、开放过程中突然停电、发生火灾、文物盗窃等突发事件应急预案，保障免费开放后博物馆文物、公共设施和观众的安全。

在博物馆中，无论是文物藏品储藏的库房条件、温湿状况、照明设计、展柜展具的安全性能，还是对文物藏品的日常维护等，都对文物藏品安全至关重要。事实上，传统的博物馆管理中注重防止文物损毁的管理理念和模式，随着形势的变化，已难以应对复杂的自然和人为风险。博物馆还面临来自其他方面的风险，例如火灾、爆炸，参观者不良行为的影响，以及恐怖分子的故意破坏等突发事件的风险。四川汶川地震发生后，笔者在甘肃礼县博物馆，看到在震灾中共有 13 件文物受损，其中一级文物 3 件，二级文物 1 件，未定级文物 9 件。这些文物藏品受损的原因，主要是保管条件不善，文物杂乱堆放在一起，没有正式的囊匣保管。同时，随着文物藏品价值越来越受到社会的认可，博物馆观众的数量明显增加，博物馆藏品所面临的风险也随之加大，危机事件开始增多。

调查显示，由于历史原因和保管条件有限，英国部分馆藏文物存在不同程度的损毁。据收藏英国作家查尔斯·狄更斯数部原著手稿的英国维多利亚与艾尔伯特博物馆介绍，由于手稿酸性纸质腐烂情况日趋严重，狄更斯的 3 部作品现在急需资金进行抢修工作。近日，为此特别发起了一项筹款活动。在其官方网站上张贴的“捐款动员令”中，人们只要点击“立刻捐助”的图标，就能在线上为修复狄更斯手稿出一份力。“动员令”号召英国民众：“25 英镑能换来 5 大张特制碱性衬托纸；150 英镑能聘请一位修复专家拆解 20 页手稿；500 英镑就可以购买一个恒温保护盒装置。您的捐助不管多少，都将帮助保存这些旷世名作流传后世，让我们的子孙继续领略到它们的魅力！”①

长期以来，国家对省级以上博物馆安全防范比较重视，支持力

① 李鹤琳：《英博物馆动员民众抢救狄更斯手稿》，载《中国文化报》，2010-11-16（4）。

度较大，有效防止了文物安全案件的发生。但是省级以下博物馆的文物安全防范能力令人忧虑。部分地市级重点博物馆安防设备老化，存在文物安全的隐患。县级博物馆更是缺乏必要的安防、消防设施，甚至普遍缺少视频监控系统，对馆藏文物的保护停留在死看硬守的阶段，文物安全事故频繁发生。同时，由于文物藏品保管设施不完善，文物库房没有合格的柜架和囊匣，造成的文物损坏现象屡见不鲜。例如笔者曾在一个县级文物保管单位看到，出土文物存放在一个 14 平方米的地下库房里，靠墙一排保险柜，里面竟保存有 9 件国家一级文物，几十件二级文物，但是整个库房就像是一个菜窖。保管人员告诉笔者，每天库房出入口盖上板，保管人员睡在上面，并宣誓“人在文物在”。

甘肃某县级博物馆

同时，随着博物馆参与国内和国际交流活动日渐增多和频繁，文物藏品被移动、搬运和运输的次数也明显增多，其中任何一个环节疏忽都会对文物造成安全隐患。特别是在国际交流展览中，除了远距离运输自身的风险外，意识形态、政治动乱、文化差异等因素，都会对文物展品构成巨大的威胁，可能造成文物藏品损毁。当前，数量巨大的国内外馆际交流展览，普遍缺乏保险措施。由于国内文物保险领域尚未发展成熟，保险公司缺乏文物保险的相关专业知识和经验，无法为文物安全提供有力保障，同时高昂的保险费用也使诸多资金匮乏的博物馆无力承担，有限的经费只能勉强应对筹备、设计、制作展览，根本不可能为文物展品支付高额的保险费，大大增加了文物在运输和展览过程中的风险。

目前，一些博物馆内部管理制度不健全，缺乏一套对文物保护和管理的科学管理制度，藏品登记分类混乱、入库排架无序、编目统计不清、建档内容缺失等现象严重，既没有统一管理标准，也缺乏标准管理规范，势必造成不同环节各行其是，不同部门各自为政，不同层级无法沟通，不可避免地产生互不统一、互不衔接、互不配套的混乱现象，在客观上出现安全风险。一方面，大多数博物馆的文物藏品日常养护经费严重不足，保护修复技术经费占博物馆业务经费的比例不足5%，相对于急需抢救的馆藏文物来说是杯水车薪，一些市县级博物馆甚至没有用于文物藏品日常养护的预算。另一方面，馆藏文物保护修复科技人员数量严重不足，队伍综合素质不高，专业结构严重失衡，文化程度普遍偏低，整体科研能力不强。

在博物馆的文物藏品保护管理中，预防性保护理念的缺乏，导致定期检查和跟踪监测等预防性保护措施不健全，日常养护管理严重缺位，造成“重馆舍建设、轻库房改善；重文物征集、轻保管养护；重被动修复、轻预防保护”的不利局面。大多数博物馆的库房面积不足或设施陈旧，无法调控保存环境指标，保护性能低下，不适宜保管保存文物藏品，包括藏品或展品保管条件欠缺，藏品接收、登记、移交、借用、出库手续不完备，日常清洁、维护、搬运中的过失，藏品保存、展品保护设施质量不合格等日常管理中的风险。一些博物馆虽然拥有先进设施，但是对掌握安全设施的部门和人员疏于管理，值班人员责任心不强，为文物藏品安全留下隐患，甚至造成文物被盗、文物损毁等事故。虽然一些博物馆在安全保卫方面，形成人防、技防、物防和犬防四道防线，但是安全措施不落实，应急处理能力不足，仍然在安全保卫方面出现漏洞。

自1930年在意大利罗马召开的关于艺术品保护国际研讨会上，首次提出博物馆藏品的“预防性保护”概念以来，已经在国际范围内达成了预防性地从源头上保护珍贵文物的共识，即通过对博物馆环境的有效监测与控制干预，在不危及文物藏品真实性的前提下，对可能会出现的种种损坏文物藏品的情况进行科学的预测、研究、分析，制定科学的解决方法和采取必要的措施，最大限度地防止或减缓环境因素对文物藏品的破坏作用，达到长久保存珍贵馆藏文物的目的。到了20世纪90年代，预防性保护的理念日趋成熟，逐渐为许多国家的博物馆所采用。博物馆藏品的预防性保护是指为文物藏品提供一个稳定、安全、洁净的保存环境。由此可见，预防性保护的目的以尊重文物藏品的真实性为前提，其着眼点是主动性、全面性与综合性。

开展预防性保护工作要研究文物藏品可能面临的各种风险，变被动保护为主动保护，构建和落实馆藏文物保存环境控制和日常养护的长效机制。包括通过实施保存环境控制关键技术攻关，有效治理文物藏品保存环境；增加文物库房面积，分类保管文物藏品；加强辅助保护管理设施研发，增加文物藏品保管囊匣、柜架、微环境控制设施等，以利于安全保存易碎易损文物。博物馆除了选址安全外，所选择的建筑结构、所使用的建筑材料、所制定的装修标准、所配置的设备设施，对于博物馆的安全均具有重要影响。例如文物库房，要求建筑坚固、防震、防潮、防火、防盗、易于搬运文物、易于日常工作。要满足以上条件，需要建筑设计师熟悉博物馆工作规律和安全知识。无论是文物藏品的出入库空间、货运电梯的位置及通道，还是文物库房与保护修复中心、拍摄工作室、展览厅之间的搬运通道等，设计均须科学合理，否则会直接影响博物馆日后安全运营的基础环节。

美国大都会艺术博物馆的文物总账登记区，被设计成一个有机整体，从文物进入博物馆的通道，就可以实现工作流程的每一个环节，大型集装箱式汽车可以直接开进这个区域，并在此进行文物箱体的装卸和文物点交登记工作。同时，这个区域可以通过电梯直达各主要部门的库房区，前往文物保护中心和拍摄工作区的通道十分便捷，工作人员无须上下台阶即可以方便地搬运任何文物，文物始终处于安全运送的状态中。各部门的文物藏品库房与陈列展区之间，有直达电梯可以安全运送文物展品，并方便运送辅助展品和各类布展工具。这套体系也已经被世界各地许多博物馆所采纳。人们认识到，博物馆建筑的安全设计极具专业性，绝非建筑设计师可以自由发挥的作品，涉及文物藏品的妥善保护，因此具有深远而重大的历史责任①。

① 黄雪寅：《关于博物馆安全问题的思考》，载《中国文物报》，2011-08-24（7）。

美国纽约大都会艺术博物馆

博物馆的核心是文物藏品，博物馆的使命就是使文物藏品得到永续保护，并在社会生活中发挥出应有价值。卢浮宫艺术博物馆目前馆藏42.2万件艺术品，其中3.5万件艺术品常年展出。2010年卢浮宫博物馆全年参观总人数达850万，连续5年保持了800万以上的参观人次。如何保障文物藏品安全是卢浮宫艺术博物馆面临的首要挑战，也是所有博物馆面临的共同问题。卢浮宫艺术博物馆现有的2000多名员工中，半数是安全保卫人员，他们负责“接待、巡查和库房清点”。每名安全保卫人员负责300到800平方米的区域，这要求他们每时每刻保持警惕。卢浮宫艺术博物馆现有展览面积6万平方米，接待空间2万平方米，必须保证250人同时在场执行安全保卫任务。同时，卢浮宫艺术博物馆一周开放6天，每周还有两个夜场，闭馆期间也会安排一些临时参观活动，因此必须配备1000名安全保卫人员，才能保证正常轮换。

为保障馆际交流展览中参展文物的安全，1978年的《关于保护可移动文化财产的建议》指出，“可移动文化财产在运输和临时展览中由于环境变化、操作不当、包装不正确或其他不利条件而产生的风险有相当增加，对损坏或丢失予以适当保险是重要的；建议各成员国考虑通过立法、规章或其他形式设立一种像一些国家已经存在的政府担保制度，或一种由国家或任何团体以支付可减让保险免赔额或超额损失而部分承担风险的制度”，呼吁各国政府在文物异地展览安全保险方面扮演重要角色。此后一些国家已经设立了此类政府保险基金，为文物馆际交流提供政府担保。为有效防范文物展品安全风险，降低风险系数，切实保障宝贵的文化财产安全，参照一些国家的有益经验，国家文物局颁布了《文物出境展览管理规定》，主张设立由政府主导的文物异地展览保险基金。文物异地展览保险基金的设立，有利于提高我国文物安全管理水平，为文物展览交流提供专业可靠的安全保证。

《国际博物馆协会职业道德准则》强调，“博物馆必须要有足够的建筑，包括工作人员之设施，以完成其既定方针内的收藏、研究、存放、保护、教育及陈列等基本职能，并应遵守一切相应的有关公共安全及工作人员安全的国家法律。无论昼夜，终年都应提供适当的保护标准，防止偷盗、火灾、洪水、破坏及蜕化等各类危险”。在国际博物馆协会大会上，专家认为博物馆安全技术防范经历了从狭义预防向广义预防的转变，现在正在向损失预防的方向迈进。光照、温度、湿度、空气污染、微生物、动植物等，都可能对博物馆的文物藏品造成损坏。《博物馆藏品管理办法》中明确规定，文物藏品应有固定、专用的库房，专人管理，库房建筑和保管设备要求安全、坚固、适用、经济。

文物藏品管理区域，往往包括藏品库房、藏品登记室、藏品研究室、藏品修复室、藏品观赏室等区域。特别是一些新的文物库房要严格按照防震、防雷、防虫、防潮、防光、防尘、防火、防盗等要求进行设计，增加保护设施，购置恒温、恒湿设备，尽可能创造一个适宜和恒定的保存环境。同时，文物存放设备、运输包装设备、清理修复设备、鉴定化验设备、拍照复制设备等，涉及文物藏品安全的各类必要设施设备，都要添置和加强，使文物藏品始终处于安全的环境中，购置移动密集藏品柜及囊匣，增强文物安全系数，以质地等级分库、分柜保管。对一些经济价值较大的文物必须用保险柜存放。加强库内文物藏品的安全保护，必须认真记录库务日志，减少文物藏品的自然损坏。同时，文物藏品保管人员要绝对实行安全操作，杜绝文物藏品的人为损坏。

加拿大多伦多皇家安大略博物馆文物库房

按照国家安全行业标准规范，区域性文物中心库房属于一级风险防护单位。因此，应严格按照规范要求，建立视频安防监控系统、门禁系统、入侵报警系统、电子巡查系统和集成式安全防范系统等安全管理系统以及智能报警灭火系统等消防安全管理系统。文物装具应具有高抗震功能，在文物中心库房进行硬件建设时，应依据文物藏品的质地、体量，量身定做内外结构能够承受相当压力的囊匣，发挥囊匣等在保护馆藏文物方面的重要作用。同时，采用封闭式、轨道式金属质密集柜，在地震等灾害中可以有效防止柜体倒塌，起到防止文物损毁的作用。例如绵阳博物馆文物中心库房内共有 249 组密集柜，分 5 ~ 6 组构成一列，10 ~ 14 列构成一阵，共组成 4 个阵列，分别安置在三条滑动轨道上。汶川地震发生时，密集柜阵列形成了一个可以滑动的整体，以滑动和位移来抵消地震的水平震动加速度，起到防震的作用①。

在我国，一般地市所辖县市区少则 3 ~ 5 个，多则 10 余个，每个县都拥有数量不等的可移动文物，根据目前的财政状况难以做到每个县都建设达到国家标准的现代化文物库房，因此结合博物馆馆舍建设区域性文物中心库房，实行文物代管制，是现阶段可行的文物藏品妥善保护措施。对于部分由于博物馆藏品保管条件有限，安全防范设施不健全，运营管理经费严重不足，博物馆正常业务不能有效开展，难以发挥社会效益的县级博物馆或地方博物馆，应根据当地实际情况，整合文物藏品的科学保管，合理利用资源。省级和地市级博物馆可以代为保管其文物藏品，并创造条件合理利用。这样通过整合文物藏品资源，不仅扩大了省级和地市级博物馆的社会效益，减轻了县级或地方博物馆的文物藏品保管压力，而且使文物

① 王锡鉴、都云昆：《从“5·12”地震论西部地区区域性文物中心库房建设》，载《四川文物》，2009（2），91 页。

藏品得到合理利用，使更多的社会公众共享博物馆资源和服务。

2011 年 9 月，为预防和减少文物博物馆单位火灾危害，规范文物消防安全检查工作，提高消防安全管理水平，国家文物局发布了《文物消防安全检查规程（试行）》。博物馆消防安全应贯彻“预防为主、防消结合”的方针和“从严管理、防患未然”的原则，切实增强检查与消除火灾隐患能力、组织扑救初起火灾能力、组织人员疏散逃生能力、消防宣传教育培训能力和馆藏文物抢救能力。新建博物馆在投入使用前，消防设施、设备须经公安消防部门验收。要检查博物馆内部装修与布置展览工程现场防火措施情况，展柜、展台、展墙等展具和装饰材料防火性能情况，展厅照明灯具、音响、闭路电视、电动模型、放映机等电器设备的使用与管理情况，用于陈列展览的电动图表、模型、沙盘、布景箱和装在壁板上的灯光箱、显示图表箱等设计、安装是否符合防火要求等，有无可能引发博物馆火灾的情况。

故宫博物院消防联合演习

博物馆应配合当地公安消防机构确定博物馆的消防安全重点部位。要经常检查专兼职消防工作人员接受消防安全专门培训的情况，对消防安全法规、消防安全知识、消防安全管理制度的掌握情况，对消防设施、设备、器材操作技能的熟练情况，持证上岗和值班的情况；要经常检查消防水源和消防给水设施建设的情况，火灾报警、灭火等设施、设备建设的情况，灭火器材配置及有效的情况，消防安全标志设置的情况，消防设施设备检测和日常维护保养的情况，消防车通道设置的情况；要经常检查是否存在违反规定用火、用电、用油、用气的情况，用于文物保护必要的电器设备和电气线路是否规范安装敷设，是否采取有效阻燃措施，是否存有易燃易爆物品；要经常检查避雷设施安装和验收情况、避雷设施日常维护和检测情况等。

事实证明，设置良好的防火系统，采取适当措施进行早期预警，对于保护文物藏品库房免受火灾，是十分必要的措施。相对于盗窃或过失损毁文物，火灾往往更为可怕，大火能在转瞬间将一座博物馆连同馆藏文物烧毁。因此，博物馆还要对周边的企事业单位和社会民众生产生活可能引发火灾危害情况进行检查，研究对周边可能引发的火灾危害的预防和应对措施，对周边企事业单位和社会民众开展博物馆防火宣传。要经常与当地公安消防部门就博物馆防火工作进行联系、沟通，建立火灾扑救联动机制。应制定和落实具有可操作性的灭火和应急疏散预案，并且进行日常演练，还应经常开展消防安全检查，及时发现火灾隐患，及时进行火灾隐患整改。

近年来在国家财政支持下，我国的博物馆防火系统不断改善，但是总体投入仍然不足。现代化的博物馆安全防范系统，应包括火灾自动报警及消防联动系统。同时，防火报警系统、自动灭火系统等现代信息处理技术、传感技术、自动控制技术和网络通信技术的监测、防范设施，是博物馆中不可缺少的重要设施，并且每套系统之间相互联动，合成统一的安全防灾管理系统。博物馆的陈列展览和文化活动必须确立“安全第一”的原则。例如在文物展览的形式上，原则上提倡展柜展出，适度使用声光电和场景制作，对过度使用声光电的现象加以限制，禁止将易燃易爆等材料用于陈列展览，并对有必要使用的声光电进行安全评估，对展览中使用的各种材料严格按照消防规定进行把关和审核，并办理消防部门认可的相关手续。

科学技术一直是博物馆安全的有力保障，一座现代化的博物馆必然是高科技装备的智能化建筑。1960 年 1 月，我国第一台声控防盗报警器就安装在故宫博物院的珍宝馆内。如今许多博物馆采取了在防护区和禁区内采用 3 种以上不同控测原理的探测器构筑安全防线。以往被博物馆奉为看家护宝利器的“三铁一器一犬”等安全手段，必将被现代化、信息化的先进安全防范设施所取代，以防火、防盗、防破坏为中心的博物馆安全防范必将不断升级。由于博物馆的各项活动都要在馆舍内进行，因此，博物馆馆舍及设施、设备的安全是文物藏品和人员安全的基本保障。现在博物馆的安防系统主要以视频监控为主，通过管理人员查看电视屏幕上的图像来发现紧急事件。然而在现实工作中，一方面工作人员不可能时时刻刻盯着电视屏幕，另一方面，现在博物馆规模越来越大，监控点数越来越多，不可能将所有的监控点同时显示在电视屏幕上。同时大多数博物馆的安防系统还不能和公安系统、消防系统有效联动。

因此，博物馆安防系统随着外延的不断扩大，科技手段也应与时俱进，不断调整研发适用技术和设备，提升博物馆安防系统的有效性，例如设置监视系统、报警系统、门禁系统等多层面保护文物藏品安全的安防系统，努力使博物馆内的每个角落，都在监视器不同角度的监视之下。在四川省博物馆，文物库房区域内使用了名为“微波报警”的技术，这种设备可以形成肉眼无法看见的微波墙，即便一只苍蝇飞过都会触发警报。同时这些安保设备与110报警系统进行了联动，如果有人触发警报，警方也会在第一时间得到消息。在烟台市博物馆，进入库房的人员首先会被库区通道内的振动探测器发现，图像将回传到主控制室。如有入侵者，则会第一时间向监控室发出报警信号并确定位置。文物库房安装双重技术合一的双鉴探测器、红外探测器、微波探测器3种技术手段的探测设备。

在首都博物馆，安防系统以入侵报警及出入口控制系统为核心，辅以电视监控、声音复核、照明控制、停车场管理、防爆安检、无线通信等系统，运用计算机控制技术、网络技术、图像处理技术等手段，将多个独立系统融为一体，构成了一道科技的“铜墙铁壁”，时刻守卫着文物展品的安全。一旦出现入侵者，不论采用何种手段和方式，中央控制室和分控制中心都能接收到实时报警，同时系统还将报警部位的报警信号、声音复核信号和图像复核信号实行自动切换，打开辅助灯光，以及自动录音、录像，并且随时显示报警信息，值班人员可根据同步的3种信号显示，做出准确判断，快速做出反应。此外，公共区域的部分照明与安防实行联网，当安防系统报警后，该区域的系统灯光自动打开，为首都博物馆的安全防范提供更有力的保障①。

馆藏文物的安全、人员的安全、馆舍及设施设备安全等，是紧密相连、相辅相成的有机整体。首先博物馆是集中收藏、展示文物的重要场所，文物藏品的安全必须首先得到保障，否则博物馆就失

① 侯丽、彭超：《“防”网恢恢，能否疏而不漏？》，载《中国文化报》，2011-05-30（5）。

去了生存的基础。其次博物馆是文化开放单位，参观群众数量众多、人员密集，因而人员的安全至关重要，没有安全感的博物馆不可能赢得观众的喜爱。2008 年下半年，全国文物系统进行了为期 50 天的文物安全检查，完成了 58% 的重点博物馆的安全检查，其中被调查的 246 家重点博物馆中，防盗、防火设施的达标率分别为 55.28% 和 50.41%。重点博物馆尚且如此，其他博物馆安全防范设施配备情况可想而知。目前，一些博物馆所设置的电子防盗监控报警系统和自动消防系统，利用高科技手段对监控目标实施监控，具有监控范围广、节省人力、受人为因素干扰少、报警准确、可靠性强等优点，国家财政还应继续加大博物馆安全防范设施的配备。

目前，责任心的缺失依然是博物馆安全最大的隐患，例如有值班制度不到岗，有应急预案不演练，安全防范工作漏洞百出，导致先进的物防、技防设备形同虚设。安全保卫工作要建立在“最不可能的事情即将发生”的心理预期上。只有前期防范严密，才能保证不出事或少出事，而发生了安全事故以后，则应该及时响应，使完善的应急预案发挥作用。任何侥幸心理都是没有尽到职守的表现。每天安全保卫人员在博物馆展厅大门关闭之前均进行仔细的检查，凡是观众有可能到达的区域和点位都认真查看，以防不法分子潜伏其中伺机作案。同时，建立应急处理机制，制订和完善应对蓄意破坏、文物损毁丢失、人员安全、自然灾害等突发事件的安全预案并组织进行演练，对各类突发事件必须及时有序启动应急预案。

大型现代化博物馆的安全防范系统是指为防止入侵、盗窃、破坏等社会公共安全目的，采用电子技术、传感技术、自动控制技术、通信技术、计算机技术为基础的安全防范技术设施。一般包括入侵报警系统、电视监控系统、出入口控制系统、电子巡查系统、防爆安全检查系统、车库管理系统等，专门配备成立安全监控中心，每个房间和重点场所均须安装红外线报警，并对各个部位实施24小时全方位监控录像。在实现安全监控系统数字化管理方面，将防盗报警系统、声音复核系统、图像复核系统、电视监控系统、巡更系统、门禁系统、集中管理系统和控制系统，通过设计组合，构成一套防范性强、功能完备、自动化和智能化程度高的综合性现代化安全防范报警系统。这些措施的完备，必将有效应对突发事件和犯罪行为，保证人员、财物和文物藏品的安全。

健全文物藏品养护修复技术是博物馆实现现代化的重要内容，也是衡量博物馆综合实力的重要指标。文物藏品的修复并不是一个新的课题，在人们有意识地收藏文物艺术品时代就已经出现，世界各个民族都有自己传统的修复工艺，但是大多只局限于修补旧的损伤。19世纪，随着科学的进步与发展，博物馆对文物藏品的维护有了新的认识，将化学、物理学、生物学等自然学科的理论和研究方法应用于文物藏品的维护，在对文物藏品材质检测、分析的基础上，进行材质质变机理的研究、预防性的保护和保护修复技术的研究。文物藏品所蕴含的历史信息和展示的现象丰富而复杂，历史变迁使文物藏品在其制作出来时的原始状态发生变化，如果不经养护修复，很多文物藏品可能只是斑驳陆离的碎片，损失了所储存的大量信息。

文物藏品的日常养护和修复处理是为了阻止、延缓由于各种因素所引起的文物损坏而做的工作，是博物馆藏品管理的一项重要工作内容，运用传统修复工艺和现代科学技术手段对文物藏品进行科学保护、保养、分析和检测，是延长文物藏品保存年限的重要方法，有助于文物藏品的宣传展示。数年前，笔者访问了建成不久的埃及国家博物馆的文物藏品保护中心，这里根据文物藏品性质设置了8

个文物保护修复实验室，包括石质物品、木质物品、陶瓷、纸草、织物皮革、金属、玻璃以及有机物实验室。这些实验室与开架库房一样，可以使观众看到博物馆的“幕后工作”，激发观众对博物馆工作的热情，更多地参与博物馆的活动，并提高观众的满意度，发挥博物馆的社会服务功能。

文物藏品养护修复时必须遵循一定的原则，不能任意改变其形状、颜色、纹饰；保持文物藏品的原状，也不是简单机械地恢复文物藏品最初的原始状态。对于文物藏品处理的范围和程度越小越好，达到最小干预、减少干预，实际上是使文物藏品延年益寿而不是“返老还童”，切勿急于求成、草率处理，必须慎重对待。因此在文物藏品养护修复时，应贯彻最小干预原则、可逆性原则、不改变原状原则、消除隐患原则、保存和再现历史信息遗存原则和可辨识原则。此外，在文物藏品修复前做好影像记录，修复过程中对配方、用料、工艺过程等的记录同样重要。文物藏品具有不可代替性和不可再生性，必须采取安全的测试和处理方法减少文物藏品养护、修复出现的疏忽和失误，避免造成不可弥补的损失。

从事文物藏品日常养护和修复处理的专业技术人员，必须具有崇高的职业道德并经过严格的专业训练，才能在进行文物修复保养的过程中，确保不会对文物藏品造成损害或者破坏。长期以来，一方面基层博物馆缺少保护资金和专业人员，使大量易腐蚀的文物藏品得不到专业的科学保护，遭受着病害侵蚀，一些残损文物藏品也无法得到及时修复；另一方面在实际工作中，由于过失和不负责任导致文物藏品损毁的事件却屡屡发生①。 事实上，近年来在我国博物馆系统，多次出现馆藏一级文物因人为操作不当而损毁的情况。

① 张立胜：《当前博物馆文物安全工作问题与对策》，载《中国博物馆》，2008（4），36页。

一次次安全防线、专业水准和文化责任的失守，提醒博物馆必须进一步强化公共文化资源性质，不断提高公众文化服务水准。

英国大英博物馆书画修复

分析以往文物藏品损毁事件发生的原因，安全规章制度不完善，文物藏品保管人员缺少责任心，已成为文物藏品安全的薄弱环节。严峻的现实警示博物馆所有从业人员必须兢兢业业、一丝不苟，确保文物藏品安全万无一失。我国《刑法》第三百二十四条规定："过失损毁国家保护的珍贵文物或者被确定为全国重点文物保护单位、省级文物保护单位的文物，造成严重后果的处三年以下有期徒刑或者拘役。"《文物保护法》第七十六条第四款规定："因不负责任造成文物保护单位、珍贵文物损毁或者流失的，依法给予行政处分，情节严重的，依法开除公职或者吊销其从业资格；构成犯罪的，依法追究刑事责任。"法律的这些规定都是针对在业务工作中，因过失或不负责任造成文物损失而制定的，应该说这是高悬在所有从事文物工作人员头上的一把利剑。

安全防范体系是综合性的防范体系，概括起来是人防、物防、技防相结合，在上述“三防”中人的因素是第一位的，因为科学技术毕竟不是万能的，设备再先进，也要靠人来操作，一个有效的博物馆安保系统，除了高科技之外，人防至关重要。只有人防与物防、技防有效结合，安全保卫人员及时发现情况，果断处置，才能真正发挥技防作用。否则，再先进的设备也发挥不了应有的作用。文物藏品管理中博物馆员工的素质是最重要的因素，是馆藏文物安全的重要保障。每一座博物馆都配备安全保卫人员，他们对博物馆的结构、周边环境和运行情况都有系统的了解，日常工作主要是维护公共区域的安全秩序，对馆内情况的巡视检查，排查馆内各部位的安全隐患以及夜间值班备勤等任务，是应对处理突发事件的重要力量。

当前应在文物藏品的设计、制作、用材、布展、陈列、存放、鉴定、修复、拍照、管理、包装、运输等各个环节上制定详细的安全规定、职责及追究办法，并制定博物馆员工安全岗位责任制，力争形成涵盖全面、重点突出、职责明晰的博物馆文物安全规章制度体系。在博物馆的各项工作中，涉及文物安全的岗位范围十分广泛，例如文物保管人员、文物藏品征集人员、科学研究人员、文物藏品修复人员、陈列展览人员、安全保卫人员等。正是由于博物馆中接触文物藏品的岗位和人员众多，因此对于博物馆全员都应进行爱岗敬业教育和安全保卫教育。其中对保管人员的选用必须慎之又慎，不仅要考虑业务能力，而且要考虑敬业精神，包括稳定的心理素质和强烈的社会责任感。

在院藏文物抢救性科技修复保护合作项目启动仪式上的致辞

（2013年6月26日）

院藏文物抢救性科技修复保护合作项目启动仪式

今天，故宫博物院与东城区政府“平安故宫”工程院藏文物抢救性科技修复保护合作项目启动与安全培训开班典礼在此举办，我非常高兴，也十分感慨，几个月前的一纸“战略合作意向书”，经过故宫博物院与东城区政府的精诚合作与共同努力，今天已经成为令人鼓舞的现实。

记得去年8月16日，当我第一次在故宫博物院的办公室里，见到东城区科委孙占军主任的时候，正值故宫博物院的“平安故宫”

工程向国家申报立项之际。在调研中看到故宫博物院收藏的大量文物存在着糟朽、腐蚀、开裂、破损等自然损坏现象，十分揪心，期盼及时开展科技修复保护。而故宫博物院现有的科技修复力量，无论从技艺门类上还是人员力量方面都显得过于单薄，难以在值得期待的一定时间内，实现对这些文物进行抢救性保护修复。

当时，孙占军主任如数家珍地向我们介绍了东城区非物质文化遗产保护工作，特别是详细介绍了传统技艺人才方面的情况。中华人民共和国成立前后，在原崇文区一带，集中有数量众多的传统工艺美术企业，这些企业虽然经历了私营、公私合营、国营、股份制改造等历史变迁，但是在木器、漆器、景泰蓝、玉器、剧装、宫灯、象牙雕刻、地毯、花丝镶嵌等传统工艺方面，始终拥有一批身怀绝技的优秀工匠，他们的前辈和师傅中有不少人曾经在清宫造办处就职。因此，今天合并后的东城区在传统手工技艺方面可谓是人才济济。同时孙占军主任也表达了对一些传统工艺美术企业难以生存，一些传统技艺濒临失传状况的担忧。这次见面虽然时间不长，但是对于故宫博物院与东城区政府以“平安故宫”工程为结合点走到一起，起到了重要的牵线搭桥的作用。

去年 12 月 4 日，在孙占军主任和故宫博物院文保科技部苗建民主任的带领下，我们对北京剧装厂、北京珐琅厂、北京金漆镶嵌厂、北京龙顺成中式家具有限公司、北京同兴和古典家具有限公司、北京宫灯厂等六家工艺美术企业进行了考察，见到了柏德元、钟连盛、种桂友、孙颖、马元良等国家级、市级非物质文化遗产传承人。北京同兴和古典家具有限公司收藏了大量的优质紫檀木料，彭宝仓经理真诚地对我们说，如果故宫博物院需要，他愿意将这些优质的紫檀木料贡献于故宫文物家具的修复之中。传统技艺大师的高超技艺和对故宫文化的真情实感，给我留下了深刻的印象。

如果说，与东城区科委孙占军主任第一次见面后，便产生了与东城区联合，共同实施文物保护修复项目的想法，那么在此次考察后的当天晚上，我们和东城区牛青山区长就故宫博物院院藏文物抢救性科技保护合作项目达成共识，而在我们的双手握在一起的时候，已经在考虑如何尽快与东城区政府签署一个文件，在“平安故宫”工程实施的过程中，实现战略上的合作。具有战略眼光的牛青山区长，同样看到了故宫博物院在中国传统文化中的重要地位，看到了“平安故宫”工程对东城区文化事业的影响，对振兴东城区传统手工艺的重要作用。他表示愿举全区之力，与故宫人一起共担文物修复保护大任。双方的共识，使得好事并不多磨。今年 1 月 16 日故宫博物院和东城区政府正式签署了战略合作意向书。

今天，在慈宁宫，我们迎来了故宫博物院与东城区政府“平安故宫”工程院藏文物抢救性科技修复保护合作项目启动暨安全培训开班典礼，这是双方战略合作的具体成果。几个月来，双方人员在对文化企业的调研、传统技艺人员的考察、文物保护资质的认证，文物修复工作室，安防、水电等设施的配置等方面做了大量的工作，为今天项目的启动做了必要的准备。

此次“平安故宫”工程院藏文物抢救性科技修复保护合作项目共设立了 8 个工作室，分别是金属文物、宫廷戏具文物、宫廷灯具文物、宫廷家具文物、车马轿舆文物、中和韶乐文物、宫廷绊丝文物修复工作室和宫廷纺织品文物织补工作室。目前这些文物修复工作室临时设置在慈宁宫，待故宫博物院位于西玉河的文物修复工作基地安防设施配备完成后，今年冬天以前，这些文物修复工作室将正式落户故宫博物院北院区，届时慈宁宫也将正式作为故宫博物院雕塑馆，进行展览筹备。

在合作项目启动之时，安全培训率先开始，用一周的时间，由故宫博物院的部处级干部及专业负责人担任教员，就《文物保护法》、故宫博物院防火安全、内保安全、文物安全、文物修复安全等方面进行培训。此种情况在其他地方的合作项目启动之时恐怕并不多见。这是因为抢救性修复保护好珍贵文物固然重要，而故宫博物院的古建筑和文物藏品安全更为重要，安全是项目实施的前提、是保障。历经百年、数百年留存下来的文物，无论是什么保护等级，即使是文物资料，也都十分珍贵，我们必须以敬畏之心认真对待。

此次，故宫博物院与东城区政府“平安故宫”工程院藏文物抢救性科技修复保护合作项目的启动和实施，是故宫博物院文物修复保护工作在用人机制方面的一个探索。经过安全培训，并在实际修复保护工作中，确有一技之长，确实能够很好地完成某一方面修复任务的人员，将被纳入故宫博物院文物藏品科技修复保护专业人才库，长期作为故宫博物院文物修复保护的重要专业力量。

我们憧憬2020年，当“平安故宫”工程实现了中长期目标，也就是说故宫博物院的各项工作基本上呈现安全健康状态的时候，我们将会看到，抢救性科技修复保护工作也进入稳定实施阶段，与此相伴随的是，一大批故宫博物院院藏文物获得修复，得以与观众见面；一大批濒临失传的手工技艺得到传承、保护和发展；一大批优秀的非物质文化遗产传承人才得到培养，活跃在文物保护的关键岗位，文物保护科技修复事业后继有人、蓬勃发展。

届时，我们将不但举办抢救性文物修复成果展览，而且举办在“平安故宫”工程项目实施过程中，得以起死回生、得以振兴、得到更大发展的各项非物质文化遗产传统技艺展览。如果说，文物的抢救性科技修复保护避免了文物的损毁，是“平安故宫”工程项目实施取得的重要成果，那么与这些文物的制作修复直接相关的各种技艺，在濒临失传的绝境中，得到了抢救性的恢复，优秀的传统手工技艺得到了科学的记录与研究，使原来仅靠口传心授的独门绝技，通过运用档案记录、照相、录音、录像等多媒体技术和手段，得到了永久性的记录和有形的展示与传播，同样是“平安故宫”工程项目实施取得的重要成果。

在此，我们要再次感谢东城区政府、东城区各有关部门、东城区广大民众对“平安故宫”工程的理解与支持，感谢在座各位的积极参与。感谢从苏州远道而来，为了出席我们今天的仪式，并参加安全培训和随后与我们一起进行缂丝文物修复保护的两位非物质文化遗产遗传人。

关于故宫博物院安全保障的提升

（2013年7月8日）

安全保障提升的中心任务，就是实施今年4月16日国务院批准的“平安故宫”工程。去年以来，大家集思广益，用了大约四个月的时间，编制和报审“平安故宫”工程。国务院及其各部门、相关的单位对于“平安故宫”工程高度重视，使这项工程一路绿灯，得到了国务院现场办公会议的批准。刘延东副总理亲自主持会议，参加会议的有文化部、国家发改委、财政部、科技部、公安部、武警总队、国家文物局和北京市政府。各单位的发言都明确表达了对故宫博物院发展的关注、支持和期盼。今年4月17日，我们在故宫博物院报告厅召开了“平安故宫”工程动员会。

“平安故宫”工程的三大保护对象是，故宫博物院17万平方米的古代木结构宫殿建筑群的安全、逾180万件文物藏品的安全和每年约1500万中外观众的安全。“平安故宫”工程要解决7项隐患：第一，火灾隐患，这是列为头等重要的防范对象；第二，盗窃隐患；第三，震灾隐患；第四，藏品的自然损坏隐患；第五，文物库房隐患；第六，基础设施隐患；第七，观众安全隐患，这一隐患的危险性在日益增加。明确三个保护对象，解决七个方面的隐患问题，这就是“平安故宫”工程的核心内容。

“平安故宫”工程分为两个阶段性目标：一是到2015年10月

10日，即故宫博物院成立90周年之际，基本消除重大隐患、重大险情；二是到2020年，即紫禁城建成600年之际，我们要实现健康的、稳定的、可持续的故宫博物院发展目标。

国务院立项的“平安故宫”工程的重点内容包括七个项目，即故宫博物院北院区建设、地下文物库房改造、基础设施改造、世界文化遗产监测、故宫安全防范新系统、院藏文物防震、院藏文物抢救性科技修复保护。前三项由国家发改委进行立项和资金安排，后四项由财政部审批和安排资金。我分别简单地说明一下。

第一，在“平安故宫”工程中投入资金最多的一项，是故宫博物院北院区建设。为什么叫“故宫博物院北院区”？因为它是故宫博物院整体格局的一个组成部分，一个附属的院区，将来可能还有其他院区。经过对世界上一些著名博物馆近年来发展趋势的研究发现，很多博物馆都在原有的馆舍之外，谋求新的更广阔的发展空间。例如，4年前建成的新雅典卫城博物馆，与卫城山上老雅典卫城博物馆直线距离340米，在博物馆展厅内可以眺望帕提农神庙和卫城山文化景观。伦敦博物馆在5000米之外，建设了博物馆港区，用于弥补使用空间上的不足。大英博物馆虽然没有另外选址建设，但是他们智慧地对中庭进行了保护性利用，获得了一个巨大的博物馆共享空间。近年来很多老博物馆的改扩建，主要趋势是增加两个方面的空间，一是增加文物藏品科技保护空间，二是增加为观众服务的共享空间。俄罗斯国家历史博物馆，前后历经了三次扩建，形成功能互补的有机整体。日本东京国立博物馆，更是按照不同主题经过五次扩建，形成了今天的博物馆建筑群规模。由贝聿铭先生设计的美国国家美术馆的东馆，也是扩展了美术馆原有功能的发挥。最近到台湾访问，了解到“台北故宫博物院”正在台湾南部的嘉义县选址建设南院区，预计在2016年建成。

汇总这些情况，故宫博物院谋求在紫禁城外拓展新的发展空间，经过研究决定在故宫博物院西玉河基地周边选址建设故宫博物院北院区，即以西玉河基地作为依托，向西、向东、向南扩展，形成一定规模的博物馆建设区域。选址在西玉河的一个重要原因，是昔日紫禁城有向西北方向谋求发展空间的传统。此前城市规划部门曾经建议故宫博物院将新院区建在南城天桥附近，因为那里要规划建设文化园区，但是，我们认为故宫文化与天桥文化之间差异较大。在清朝时，紫禁城的每次功能扩展都是优先考虑京城西北方向，例如万寿山清漪园、玉泉山静明园、香山静宜园、畅春园、圆明园等组成的三山五园。作为文化传承，故宫博物院北院区决定还是建在历史城区西北方向。

这个地方叫崔家窑，明代的时候崔氏两兄弟到这里来烧砖，清代改为给宫廷烧琉璃，断断续续一直持续到20世纪末，1998年北京加强环境保护，治理“五小”的时候窑厂关闭。几年后成为故宫博物院的西玉河基地，建设有8000平方米的基地馆舍。故宫博物院北院区规划占地47万平方米，是一处道路围合的完整区域，规划用地中间有崔家窑水库，形成一片难得的湿地，北面有南沙河和150米沿河景观带。在用地内有北部、东部和西部三处建设用地。今年，一方面要着手申请用地性质的调整、建设用地的划拨以及规划设计的前期工作，另一方面，规划用地内90户居民搬迁和城市市政基础设施规划等前期工作，海淀区政府表示将积极组织实施居民搬迁工作，北京市政府表示将优先安排北院区东侧和南侧两条主要城市道路和市政基础设施建设。在北院区建筑规划设计方面，开展了可行性研究，有过两种不同的规划建设设想，一种是仿故宫古建筑群传统建筑形式的方案，另一种是现代建筑形式的方案。经过院长办公会议讨论，认为故宫博物院北院区在建筑设计风格上，应具有民族传统、地方特色和时代精神，应体现故宫文化特色和现代化博物馆特征。在建筑设计标准上，应注重环境保护、节约能源、低碳排放。

确定故宫博物院北院区的功能最为重要，首先必须满足文物藏品保护修复的需求。希望在这里建设一个功能强大的、世界一流的文物保护修复中心。文物保护修复中心规划面积 20000 平方米左右，其中 15000 平方米是封闭式文物科技保护设施，另外 5000 平方米作为开放式文物科技保护平台，向社会公众展示文物保护修复的过程，使人们有机会了解博物馆科技工作者幕后工作的意义。为了使经过保护修复后的文物藏品得以展示，使更多的故宫博物院院藏文物面对社会公众，在故宫博物院北院区规划建设 55000 平方米的展示空间，如果加上 5000 平方米开放式文物科技保护平台，观众可以参观的区域将达到 60000 平方米，这个规模比一般省级博物馆的展览设施部分规模要大一些，对故宫博物院所拥有的文物藏品规模和观众规模来说比较合适。目前由于故宫博物院缺少展览设施，只有很少部分文物藏品可以对公众展示，因此也受到社会公众的不少批评。将来故宫博物院北院区建成以后，每年展出的文物藏品将数倍增长，展览质量也将得以提高，特别是一些主题鲜明的系列展览可以不断推出。

虽然故宫博物院的 1807558 件（套）文物藏品的永久性库房都在紫禁城内，在故宫博物院北院区内不设置永久性库房，但是也需要建设一定规模的文物周转库房，用于保管修复过程中的文物藏品和筹备临时展览期间的文物展品，因此需要有 10000 平方米左右的文物周转库房。在故宫博物院北院区的沿河沿湖一带有大片绿地，占用地面积的50%以上，准备在这里建设故宫博物院宫廷园艺中心，使宫廷园艺在这里得到更好的传承和发展。在故宫博物院北院区的入口处，设置一定的观众服务设施。同时在这里建设一处故宫博物院数字博物馆，也是数字故宫文化传播中心。此外还有相当数量的学术研究机构用房和教育培训设施。最后是行政管理用房和配套设施。目前，对于故宫博物院北院区功能的思考，只是初步设想，希望在编制项目建议书和制订设计招标文件过程中，进一步集思广益，随着规划设计的深入，不断加以完善。

总之，北院区的建设将使故宫博物院的文化功能得以拓展，特别是使数量众多、体量较大的文物藏品的修复保养和科技保护成为可能。例如6200件明清家具、1300块地毯以及大量的武备仪仗等，由于在紫禁城古建筑群里缺少空间，难以得到系统保养和保护，北院区的建设将使这些需求得到满足。同时，在故宫博物院的展品数量方面，也一直受到观众的质疑。目前能够展出的文物藏品数量所占文物藏品总量的比例太小。当然，任何一座博物馆都不会把全部的文物藏品都用于展示，但是故宫博物院应该努力采取多种措施，例如扩大开放面积、增加展览空间，使更多的故宫博物院文物藏品与公众见面。但是，真正实现理想状态有赖于北院区的建设，特别是在大型博物馆展厅内，将可以系统举办主题鲜明、具有感召力和影响力的大型展览，也会不断引进来自世界各地的优秀展览。在建筑标准方面，北院区应是低碳、环保、零排放的生态建筑群，符合故宫博物院的文化身份。

第二，地下文物库房改造。故宫博物院的地下文物库房分别建成于20世纪80年代和90年代，两期共形成22000平方米的建筑规模。目前地下文物库房内保管着90万件左右文物藏品。就数量来说，占了故宫博物院文物藏品总数的一半，但是地下文物库房内保管的文物藏品体量较小，大量体量较大、同样珍贵的文物藏品，未能进入地下文物库房保管。虽然在文物藏品保护方面地下文物库房发挥着重要作用，但是，由于当时科技发展和建设水平的局限，今天地下文物库房也存在一些问题。一是局部地方出现了渗漏隐患，虽然并不严重，但是对于地下文物库房来说，是必须高度关注、切实加以解决的心腹大患。二是二期地下文物库房当时空调设施采取的是水冷方式，因此地下文物库房上面顶着50吨的水，也让人十分揪心。三是虽然目前地下文物库房具有恒温恒湿功能，但是整个地下文物库房只能设定一个温度、一个湿度，不能根据不同文物藏品的需要，对相应保管空间进行调节，导致一些有特殊环境要求的文物藏品的保管环境不能满足实际需要。同时，在工作条件方面，由于空气调节系统的送新风量不够，不符合目前应有的健康卫生标准，因此地下文物库房的工作人员条件更加艰苦。

正因为这些原因，需要对地下文物库房实施新的改造，以提升其使用功能。原来希望在一期、二期文物库房的基础上再增加一期文物库房建设，使更多的文物藏品得到更好的保管条件。但是，有关部门专家建议在紫禁城内尽量减少挖掘地下空间，为未来保护和发展留有余地，经过研究赞成这一意见，即不以增加库房面积为主要目的，重点放在对原有地下文物库房功能进行改造提升上，所以也不称为地下文物库房的“三期”工程。在解决上述三个存在问题的基础上，地下文物库房的面积由原来的22000平方米，增加到28000平方米。在具体方案方面，可以将一期和二期文物库房中间部分以及现有文物库房上部的土层去掉，使地下文物库房成为一个整体板块，不但使安全条件得到提升，空间利用方面也更为合理。

改造以后的地下文物库房，将整体成为具有先进智能化管理的文物藏品保管空间。在规划设计上，地下文物库房与即将建设的文物保护科技中心之间通过一条地下文物藏品通道进行连接，使文物藏品减少上下搬运。目前经常看到工作人员使用小推车在地面搬运文物，经常受到观众人群、车辆的干扰，存在安全隐患。因为文物藏品在移动的过程中最容易发生安全问题，建设地下文物搬运通道的措施十分必要。同时，在地下文物库房改造提升的过程中，还计划配套建设文物展品点交空间和缓冲区，既使文物藏品减少搬运次数和距离，又使进库和出库的时候，对于环境有适应的时间，避免由于温度、湿度等环境的骤然变化造成对于文物藏品的伤害。目前文物展览藏品点交空间在御茶膳房，距离地下文物库房较远，这些都需要进行调整改善。在这次地下文物库房改造提升中，要避免文物的大规模搬运和改变保管方位，同时又希望改善现有的保管环境，例如制作囊匣，安装金属质的密集柜。经过精心设计，可以使空间利用更为科学合理，例如原有地下文物库房上部的土层去掉之后，可以获得部分市政管道层空间。

第三，基础设施改造。在紫禁城里这是最难处理的项目，因为基础设施管线在古建筑群内布设，难免穿越古建筑，伤害文物本体，也对环境造成较大影响。同时，一方面各项工作条件的现代化提升，使能源需求不断增加；另一方面，基础设施管线的种类不断增加，由过去的六七种增加到目前的十六七种。正是因为有这些困难，基础设施现状管线维修改造工程设计方案的论证前后用了 7 年时间，终于在去年获得专家论证会议原则通过。此次之所以获得通过，一个重要原因是结合故宫博物院实际调整了规划建设思路，即在总体规划中，颇具智慧地将利用能源最多的一些项目集中布局在紫禁城的西南部，基本在红墙古建筑群之外。例如：在这个区域安排文保科技用房、地下文物库房、业务办公用房以及武警营房等，也就是说 70% 以上的能源的使用单位和设施安排在这个区域，以改变目前古建筑群与基础设施管线之间存在的尴尬局面。在这一区域还规划设计了基础设施共同沟系统，也就是综合管道设施。在共同沟内可以安排和容纳大多数的基础设施管线，把大量基础设施能源使用部门连在一起，既有利于方便日常检测和维修，也有利于节约地下空间，避免反复开挖基础设施。基础设施管线共同沟将安排在即将建设的 300 余米长的文物保护科技中心地下，结合人防工程和地下室建设合理安排，并不需要另行寻找路由，减少对古建筑群的影响。

第四，世界文化遗产监测。目前，我国是世界上拥有世界遗产第二多的国家。但是，“重申报、轻管理”的问题一直存在。世界文化遗产申报的目的是实现更高层次和更高水准的保护，世界文化遗产监测是实现科学保护的重要手段，保证世界文化遗产的永续保护和世代传承。在这一方面，故宫作为我国第一批进入《世界遗产名录》的世界文化遗产，在世界文化遗产监测方面应该做出表率。在 2011 年，故宫博物院已经率先建立了世界文化遗产监测管理系统，建立了世界文化遗产监测平台和机构。故宫既是世界上保存至今最大的木结构宫殿建筑群，也是世界上拥有中国文物藏品最多的博物馆，还是世界上每年观众人数最多的博物馆，因此故宫世界文化遗产监测内容格外全面，涉及文物建筑、室外陈设、植物动物、环境质量、游客动态、安全防范、基础设施、馆藏文物、非古建筑、监测保障等 10 个方面，包括可移动文物和不可移动文物、文化遗产与自然遗产、静态遗产和动态遗产、古代遗产和近代遗产、物质遗产和非物质遗产、文化景观和文化空间等方方面面的内容，每个监测方面都需要具体细化。这样全方位的监测系统，需要多学科、跨部门的参与。今年针对去年的检测成果，计划出版 2012 年世界遗产监测报告，包括中文版和英文版，这在全国世界文化遗产监测领域还是首例。

故宫世界文化遗产监测中心成立暨揭牌仪式

第五，故宫安全防范新系统。由于社会环境的变化和科学技术的发展，故宫博物院原有的安全防范系统已经落后，计划建设安全防范新系统。在全院的共同努力下，去年 10 月新的中控室已经建成，今年年底安防系统将全部建成投入使用，明年年底消防系统将全部建成并投入使用。现在安全防范系统工程进行到库房区域、工作区域，不免会对正常工作造成影响，这就需要各部处的协调配合。目前处于冲刺阶段，总体进展比较顺利。但是安全防范系统的完善不能一劳永逸，不能有所停顿，还要继续集中力量研发安全防范系统进一步的提升方案。每一次改造提升工程完成以后，都要马不停蹄地进行下一次改造提升工程的研发，不断追求更加先进的科学技术用于故宫安全防范系统。今年还要研究摄像监控探头加密的问题，目前故宫博物院内摄像探头的安装密度低，功能不够强大，摄像监控探头加密能够有效提升故宫安全防范水平。实际上下一轮安全防范系统工程并不一定要取代前一轮安全防范系统工程，而应该实现安全防范的多层覆盖，例如下一步采用物联网技术提升安全防范系统，多层覆盖的系统能够提高可靠性，全方位地确保故宫的安全。因为我们保管的是世界上最珍贵的文物藏品，因此必须拥有世界上最先进的安全防范系统和设施。当然，更重要的是依靠我们的责任强化和技能提升，在不断加强技术装备的同时，也要提升安全防范的技术能力，通过日常对于防雷设施的检测、安防设施的维护，使安全防范系统始终保持良好的运行状态。

第六，院藏文物防震。文物藏品和文物建筑的防震问题一刻都不能掉以轻心，特别是华北地区在历史上多次发生大地震，有过很多惨痛的教训。由于故宫博物院的文物藏品数量巨大，保存空间有限，文物藏品防震水平存在很大的提升空间，例如器物部管理的二级品瓷器库房，这些瓷器藏品若放在一座省级博物馆里，一定会被定级为国家一级文物，都会有量身制作的囊匣和金属质密集柜，但是目前故宫博物院文物藏品保管条件却达不到，应该迎头赶上。博物馆不能因为文物藏品多就降低保护防范水平。还有一点，就是人们格外关注文物藏品意外损毁事故，但是对文物藏品因腐蚀造成的损毁，或因地震等不可抗力因素造成的损坏，却往往关注不够，更没有人承担责任，这种观念需要转变。必须要树立预防性保护的理念。汶川大地震不幸中的万幸，就是绵阳博物馆在地震发生前一年建设完成了中心库房，保管了绵阳市和所辖 7 个县的国家珍贵文物

5000 件，在大地震发生时，只有一件体量较大的瓷器因未能装入囊匣而破碎。至于那些没有进入绵阳博物馆中心库房的一般文物藏品，在地震中几乎损失殆尽。所以在院藏文物防震方面，要舍得投入资金和精力，把院藏文物防震工作一刻不停地持续搞好。

四川绵阳博物馆中心库房

第七，院藏文物抢救性科技修复保护。“平安故宫”工程专门列出这一项目，表明今天我国对于文物藏品科技保护的重视。对于故宫博物院来说，文物藏品科技修复保护是一件刻不容缓的抢救性工作。一方面，通过科技检测、无损探伤等手段对文物藏品的保护状况进行分析，科学制定修复方案，采取高新技术与传统工艺相结合的方法对文物藏品进行保护修复，例如古书画装裱修复和青铜器保护修复等，故宫博物院都拥有出色的文化传承和优秀的技术力量。待故宫博物院西河沿文物保护科技综合业务用房建成后，将在紫禁城内对重要的珍贵文物进行科学研究和保护修复。另一方面，加强非物质遗产传承，特别是对于数量众多、体量较大的宫廷文物，例如明清家具、明清地毯、车马轿舆等，则采取故宫文物保护科技人员与非物质文化遗产传承人相结合的方式，设立专项保护修复室，进行长期保护修复与技艺传承，待故宫博物院北院区的文物保护修复中心建成后，将有序开展起来。

以上七项“平安故宫”工程项目，是一个相互联系的系统工程，相辅相成、相互促进，同时，需要全体故宫人倾注全力，加以实施。有理想才有未来，有行动才见曙光。“平安故宫”工程是一个过程，需要以对历史、对国家、对民族负责任的态度，认真记录八年间每一项工作的实施步骤和结果，便于今后进行检验。因此，院办公室牵头对于“平安故宫”工程项目立项前后及未来发展的每一个环节，包括国务院领导的视察讲话、国家相关部委的表态发言，各个项目审批和执行的过程以及全体员工在实施过程中的努力等，进行详细记录，留下历史的瞬间，保存好成套档案。去年已经编制了厚厚的一本“平安故宫”工程资料汇编，今年仍在汇集资料。

博物馆应将保护文物藏品存续放在优先地位[①]

（2013年7月）

当前，博物馆藏品保存环境质量控制方面存在较大问题，环境控制设施简陋、空调设施使用不当、空气净化技术应用较少、光环境普遍不规范等，加剧了温度、湿度、光照、各种空气污染物、虫害、霉菌等自然环境因素对文物藏品的损害程度和速度。另外，由于材料污染或使用不当，直接或间接对文物藏品造成危害。“十五”期间，我国首次开展了“全国馆藏文物腐蚀损失调查”，调查结果表明，共有50.66%的馆藏文物存在不同程度的腐蚀损害。其中处于濒危腐蚀程度文物29.5万余件（组），重度腐蚀程度文物213万余件（组），中度腐蚀程度文物501.7万余件（组），分别占全国馆藏文物总数的2.01%、14.52%和34.13%，文物腐蚀损失状况相当严重。

“全国馆藏文物腐蚀损失调查”显示，由于目前文物藏品库房面积严重不足，库房中文物集中叠垒密集堆放的现象十分普遍，造成人为损害，致使病害在文物藏品间相互传播，病害发生率相当高。例如青铜器和铁器的粉状锈比例高达16.53%；再如在纸质和纺织品文物的各种病害中，折痕病害发生率最高，分别占81.93%和47.65%。在博物馆藏品的保护环境中，温湿度的控制非常重要，在许多场所，因为湿度所引起的文物藏品霉变、脆化现象十分严重。

① 此文发表于《贵州文化遗产》2013年第3期，第2页。

特别是我国江南地区因空气湿度较高，问题尤为突出。目前，大多数市县级博物馆展示空间的文物藏品保存环境不达标，一些博物馆内恒温恒湿、空气净化等文物保管专用设施几乎完全空白，展示空间内温度过高和孳生性菌类过多，对文物藏品造成损害，尤其是丝织、纸张等有机质文物藏品身处恶劣的展示环境，自然损毁日益严重。

虽然大部分博物馆通过空调或者恒温恒湿设备来解决博物馆的文物藏品环境温湿度控制问题，但是由于传统设备对于湿度的控制难以达到理想要求，并且缺乏针对不同文物藏品的有效解决方法，对于文物藏品保存环境的湿度控制效果不佳。一部分博物馆针对文物藏品陈列，研究改善陈列柜内的小环境，研制了文物环境调湿剂，对于基本密闭的小型陈列柜可以起到较好稳定的作用。但是，大部分博物馆的大面积文物展柜和文物库房仍然存在着文物环境湿度控制问题。此外，文物的光线受损也是陈列过程中的主要问题之一，不适宜的辐射常常使有机质文物开裂、分解、褪色、变色。如何在尽可能减少光辐射对文物损害的前提下向观众提供良好的视觉效果，也是博物馆面临的迫切需要解决的问题。

目前大部分中小博物馆的文物藏品保护条件较差。一方面，长期以来没有标准文物藏品保管空间，文物库房建设时未考虑文物防火、防震、防雷、防虫、防潮、防光和防尘等方面的因素，达不到文物藏品保护的要求。另一方面，保存设备设施老化，缺少文物藏品专柜，甚至一、二级珍贵文物既没有保险柜存放，也没有适用的囊匣加以保护，一般文物藏品更是就地堆放，未采取应有的保护措施。同时，文物保管人员缺乏经常性的业务培训，专业技术能力较差。一些博物馆或位于地震多发区、洪水多发区、台风多发区；或位于环境污染严重的工业区等，而这些博物馆在馆舍选址，以及建筑结构、防雷设施、抗震性能、防洪能力、污染防治等方面的安全设防，未能达到相应标准，存在严重安全隐患，一旦外部灾难突发，就会对博物馆藏品造成严重危害。

博物馆是公众文化活动场所，安全与方便是馆舍规划和空间设计首先需要考虑的基本问题。过分强调建筑外观的华丽和结构造型的奇特，都不符合博物馆功能设计的本质要求。同时，只注重建筑外观和结构造型而忽略安全因素更是博物馆规划设计的大忌。实践证明，建筑设计中出现任何违反博物馆建设规律的问题，对于开放状态下的博物馆而言，都会造成一定的安全隐患。文物创造不易，文物保护更难。博物馆藏品的脆弱性、不可再生性、可枯竭性的特点，要求人们要善待文物、珍惜文物、尊重文物、敬畏文物，要求博物馆将保护文物藏品的存续放在主导一切的优先地位。例如对于珍贵文物应贮存于柜、箱、盒、匣、囊、袋之中，进行封闭保存；对于大体量文物藏品应根据材质采取防尘、防潮、防震和避光措施；对于陶瓷、玉器、泥质、玻璃等易碎易损文物藏品要采取防振、减振措施；对于珍贵有机质地的文物藏品应选用除氧充氮密封的特殊设施保存等。

当前我国迎来博物馆建设的新高潮，各种展览异彩纷呈，但是与其共生的却是不可忽视的安全隐患问题。一些博物馆片面追求高、精、尖设施，热衷于大投入、大制作、大手笔，对文物藏品和展览场地过度包装，以大量的声光电和场景制作追求视觉效果。甚至为展示一件珍贵文物，不惜营造一个富丽堂皇、美轮美奂的场景，以烘托气氛，如此不但制作成本成倍增加，而且不安全因素也成倍增加。一些专家指出，在一些世界著名的博物馆里，从未看到过这样过于奢华的声光电、多媒体视频动漫等，更很少见到过专门为文物展品制作的大型场景。如今在不少博物馆的厅堂内各种装饰材料大量堆砌，各种电器大量使用，电源线路密如蛛网，易燃材料随处可见，给陈列展览和文物展品本身，乃至博物馆造成巨大的安全隐患，一旦发生火灾及其他问题，后果不堪设想[①]。

《关于保护可移动文化财产的建议》指出，“文化财产由于不良的存放、展览、运输及环境(不利的光线、温度、湿度、空气污染)条件而易退化，长此以往，可能具有比意外损坏或偶然破坏行为更为严重的后果。因此应保持适宜的环境条件以便确保文化财产的物质安全。负有责任的专家应在目录中列入物品物理状况的资料及关于必要环境条件的建议”。馆藏文物保存环境，亦称为博物馆环境、文物微环境，是收藏与展示各类可移动文物的相对独立的空间，包括文物库房、展厅、展柜、储藏柜（箱、盒）等空间。随着科学技术发展，时代赋予博物馆文物藏品更多的文化内涵。为加强文物藏品保管工作，应建立起卓有成效的文物藏品管理和利用制度。

文物藏品被破坏的原因是多方面的，除自身的结构、质地不稳定外，还受人类因素和自然因素的影响。博物馆藏品虽然看似保持静态，但是实际上本身始终进行着微观变化，容易导致藏品不同程度的外部变形或是内部结构损坏。其中人为损坏包括：战争、盗窃、火灾、随意触摸、不适当的利用、保护方法不恰当等因素，使文物藏品衰败，例如金属腐蚀、石雕风化、壁画褪色、书画虫蛀霉变、织物粘连、木质干裂糟朽等。自然破坏包括：地震、洪水、火山喷发等灾害性的因素；温湿度、光辐射等物理性的因素；灰尘、有害气体污染等化学性的因素；微生物、昆虫、动物侵蚀等生物性的因素。这些均需要分析研究文物藏品的损害原因和质地材质，采用传

① 张立胜：《文物陈展必须确立安全第一的原则》，载《中国文物报》，2011-09-07(8)。

统文物保护技术与现代科学技术相结合的方式，运用不同的手段加以修复。

“全国馆藏文物腐蚀损失专项调查”是针对国有文物收藏单位开展的第一次全国性博物馆藏品文物腐蚀损失的科技基础工作专项调查，历时3年时间，通过系统内外近5000名工作人员的共同努力，采用普查、重点调查、抽样调查、专题调查、访谈调查、抽样检查等多种调查方式相结合，对全国各省（自治区、直辖市）的2803家各类国有文物收藏单位的1470余万件（组）馆藏文物进行了调查，基本掌握了我国国有馆藏文物的现状。针对馆藏文物腐蚀损失专项调查结果的系统分析和深入研究，表明馆藏文物腐蚀损失的6个方面主要原因，探索出解决和改善馆藏文物腐蚀损失的8项主要对策与建议。

通过“全国馆藏文物腐蚀损失调查”项目的实施，较为全面地了解和准确掌握全国国有文物收藏单位馆藏文物的腐蚀数据，基本掌握了馆藏文物腐蚀原因，初步建立健全长效、动态的馆藏文物腐蚀损失调查机制，完成了馆藏文物及其腐蚀损失经济价值估算数学模型的初步设计，首次将经济参照系概念及测算方法引入馆藏文物管理领域，切实加大了馆藏文物分区分类指导力度，明确了馆藏文物保护的科技攻关目标和经费投入方向。“全国馆藏文物腐蚀损失专项调查”是博物馆领域率先采用信息技术手段、引进统计学原理，组织跨学科、跨行业、跨领域、多单位共同协作的大型专项调查项目，是文物藏品科技保护的一项基础性工作。

科学保护文物藏品，合理修复受损文物藏品的目的，都是为了延长文物藏品寿命，延缓文物藏品的老化。但是，从另一个角度来说，博物馆藏品保护与修复是对文物本体的人为干预，使文物藏品所拥有的某些特性发生一定的改变。为了尽可能保留文物藏品在保护与修复工作前所拥有的原始信息，必须要在对文物藏品实施保护与修复前，对文物藏品原状加以描述，同时由于保护与修复过程中的人为干预会造成文物藏品特性的改变，应对文物保护与修复的过程，以及修复后文物藏品的状态进行详细的描述和记录。这些对文物原状的描述与修复过程的记录资料就是文物保护与修复的技术档案。

文物保护与修复的技术档案，既保存了文物的原始与目前的各项信息，也有助于文物保护与修复工作的总结归纳与提高。更重要的是，为今后文物藏品的研究、保管、利用提供重要的文化信息[①]。在我国，尽管文物修复有较长的历史，但是文物保护作为一门学科，起步较晚，文物保护修复技术档案的建立还未能引起人们的足够重视。例如很多文物藏品在修复的过程中没有进行详细记录，没有清晰地描述文物原貌，对操作过程记录简单，在记录中缺少足够的影像、图片资料，在修复结束后没有综述性的修复报告。这些问题的存在将对今后的文物资料检索、文物的保管利用与研究、文物的再保护修复带来很大的困难。

当前，亟待加大科学研究力度，有效遏制馆藏文物腐蚀损失。包括加强馆藏文物保护修复科技应用技术基础研究，进行各类材质馆藏文物在不同环境中的劣变原因及防治对策、馆藏文物保存环境和保护修复材料工艺评价标准的研究；实施关键技术攻关，加大应用技术研发力度；加大馆藏文物保护科技成果转化和推广力度；加强馆藏文物保护修复科技基础条件建设。针对保存环境控制、库房建设、日常养护、基础技术标准规范等诸多与馆藏文物保护有关的

① 宋纪蓉、刘舜强：《完善文物保护修复档案的几点思考》，载《中国文物报》，2008-02-22（8）。

问题，需要增加馆藏文物保护科研经费、保护修复经费、日常养护经费的投入。同时，组织全国的科学技术力量，在博物馆领域开展博物馆藏品抢救性保护修复专项工程，首先抢救已经处于重度腐蚀以上的珍贵文物，特别是濒危易损的珍贵文物，例如纺织品、竹木漆器、纸质文物、金属类文物等严重腐蚀的珍贵文物藏品，保障馆藏文物长治久安。

实践证明，选择最有利于文物收藏、管理的区域作为文物藏品区域，是确保藏品安全的首要问题。库房是收藏、保护、管理文物藏品的重要场所，博物馆应拥有专门为收藏文物藏品而建立的具有防盗、防火、防震、防潮湿、防干燥、防污染、防灰尘、防光辐射、防虫蛀、防霉菌、防腐蚀、防糟朽、防变色、防老化等功能的库房。传统的博物馆库房管理理念认为，文物库房设在地下室或进出不太引人注目的区域比较安全。但是，近年来一些国家的博物馆遭遇飓风洪水、地下室珍贵文物遭受严重损伤的情况时有发生，这些情况的出现，严重冲击了传统的文物库房区域理念。新建博物馆的内部空间划分中对文物藏品区域的设定，必须在考虑文物安全的同时，注意文物藏品的取用方便、展收自如及文物藏品的防霉、防潮特别是防水等问题，真正实施科学管理、确保文物藏品的绝对安全。

博物馆建筑类型多样，既有古代建筑，也有现代建筑，它们在建筑材料、结构形式、设备装置等各方面存在一定的差异。现代博物馆在建筑设计时就要重点研究展厅和库房的建筑环境，展厅陈列室、库房及其他业务用房面积的适当分配，文物、标本保护温度、湿度的参数及各项相应的装备、设施等。利用古代建筑作为馆舍的博物馆亦应在保持建筑物原貌的前提下装置设备，尽量改善博物馆建筑内部的环境。对于文物藏品的保存环境，空气的温度和湿度最为重要。博物馆内的温度、湿度会随着室外气温的波动和观众流量的大小而变化，通过在展厅内安装智能化控制系统，可以防止外界不利因素的影响，保持有利于文物藏品保护的温湿度。

因此，应立足于博物馆环境现状，针对博物馆库房、展厅的温湿度环境控制问题，开展博物馆环境控制技术及设备研发。主要内容包括以下几点。一是馆藏文物库房环境的调控技术及设备研发。在对现有馆藏文物环境问题进行专门分析的基础上，开展适应于地域环境的较低能耗和低成本的文物库房环境湿度控制技术及设备研发。二是馆藏文物微环境控制技术及设备研发。针对我国自主研发微环境控制基本设备短缺的现实问题，开展馆藏文物微环境控制技术研发，设计并研发具有自主知识产权的除湿类恒湿机，为博物馆的陈列场所提供微环境控制解决方案。三是博物馆展厅的光环境综合研究。针对博物馆展厅“光污染”问题，开展博物馆展厅光环境综合研究，研发新的光源技术。四是研究并完善传统消防技术，研究新型阻燃材料，更替旧有的易燃或不阻燃材料，提高门窗、楼面及屋面的耐火等级。此外，展厅还应配备防尘、防震和空气净化过滤系统。

博物馆的管理方法和技术手段应围绕博物馆中的文物藏品，使之成为实现博物馆使命的工具。在设计每一项陈列展览之初，从陈列展览的规模到馆舍展厅的面积，都应考虑观众的容量和参观行为。陈列展览的单元分区和展柜之间的距离、展板的疏密度、安全出口、消防通道以及应急灯设施，都应认真考虑陈列展览、文物展品和社会公众的和谐关系。在对陈列展览进行深化设计时，展览装饰材料必须对人体和环境无伤害，灯光的照明度既要符合文物展品的要求和展示的美观，又要满足观众的参观需求，不能因为光照度不足或过强，造成观众的不适或对其造成伤害。除此之外，包括展板的高度和字体的大小，都应根据陈列展览的特点，选取观众最舒适的尺度进行展示[①]。

文物藏品能否长久保存，依赖于其存放环境，有效地控制收藏环境可以延长文物藏品的寿命。同时，保护和管理文物藏品是一门技术性很强的综合性边缘科学，涉及多门学科和多项先进技术，例如地质学、矿物学、纺织学、气象学、化学、物理学、古生物学、生物学、微生物学、环境保护学、金属冶炼技术等。2002年以来，国家文物局在全国部分省市博物馆进行“文物库房环境保护达标试点工程”，获得良好的效果。例如旅顺博物馆经过此次“试点工程”，文物库房实现了恒温恒湿自动化系统、空调通风自动化系统、消防报警自动化系统[②]。在文物藏品库房的各项管理工作中，文物藏品出入库的管理是一项非常重要的工作，各博物馆利用馆藏文物组织对外展览、临时展览等各项业务活动，文物藏品经常会被提取出库，文物藏品安全易受到威胁，文物藏品动态化管理就成为博物馆管理中重要的一环。

保管部门严格规范文物藏品的出入库手续，是确保文物藏品安全的重要举措。如果不对文物藏品采取任何消毒措施就将其送入库房，不但这些文物藏品会因自身携带的许多细菌、虫卵等继续受到侵害，而且还会影响到库房内原有文物藏品的安全。因此，在文物藏品入库之前，文物保管人员应将其送至相关的科技保护部门进行消毒，并提交一份关于具体消毒情况的报告。文物保管人员在文物藏品入库时，应认真验核关于消毒情况的报告。对有些已被严重损坏的文物藏品，入库前须进行必要的技术处理，例如除尘除垢、防锈、熏蒸、修复等。同时对文物藏品进行实测，记录其图像资料、

① 黄雪寅：《关于博物馆安全问题的思考》，载《中国文物报》，2011-08-24（7）。
② 王德玮：《试论博物馆现代化》，见《博物馆学研究》，179页，2011。

尺寸、重量、成色、完残情况等。入库时，文物保管人员应对照文物藏品，认真核对藏品号、藏品件数及藏品现状，检查藏品卡片上注明修复的具体部位，藏品描述用词是否准确、全面。完成以上工作后，与相关人员一起进行核查清点，正式办理入库手续。在藏品入库后，还需对其进行科学的分类保管。

长期以来，国家立法机关和各级文物行政部门，为文物安全工作制定了一系列法律、法规，各类博物馆也不同程度地制定规章制度，采取多种措施并投入大量的人力和物力对文物藏品保护环境进行改善。“馆藏文物保存环境应用技术研究”是“十一五”国家科技支撑计划项目“文化遗产保护关键技术研究”的课题之一，主要基于文物预防性保护原则，立足于博物馆文物藏品实际状况和潜在需求，针对馆藏文物保存微环境的主要危害因素，分 6 个专题开展综合研究，建立了基于洁净概念的文物保存微环境评估体系的理念和内容框架，形成了具有自主知识产权的博物馆微环境采样检测、连续监测、材料评价、湿度调控、空气净化、集成控制等系列技术及相关应用产品。

文物藏品的保存环境非常重要，只有为馆藏文物创造一个有利的养护环境，文物藏品才不会遭受损毁。博物馆的文物藏品库区一般由藏品库、暂存库、周转库、保管设备贮藏室、照相室、藏品鉴赏室和保管员业务工作室、更衣间等部分组成。库房的建筑材料必须达到文物保护的标准，建筑结构应易于取放、移动文物藏品。除了保证文物藏品及人员的安全，文物藏品库房还应有环境控制设备等，确保文物藏品处于安全稳定的环境。定期清洁和检查维修，有一套应对突发情况的紧急措施。通过设备调节和人工管理等手段，加强对温度、有害光线、气体、微生物等影响藏品质量的环境因素进行控制。合适的光照对于文物藏品库房的重要性不言而喻，走廊和储藏室的适度光照能防止搬运文物藏品时发生事故，同时也让微生物、灰尘和污垢无处藏身。

馆藏文物保存场所应该具备适合文物藏品长久、稳定保存并能有效控制和延缓其自然损毁、防止人为破坏的环境条件。博物馆的文物藏品种类繁多，有多种分类方法，包括按文物藏品质地、用途、年代、制作工艺、来源等分类方式。但是由于不同质地的文物藏品，对保存环境的敏感情况各异，因此宜按材质分类保存，可以分为青铜器、陶瓷器、玉器、书画、织绣等不同的文物藏品库房，或是分为无机材质、有机材质、复合材质的文物藏品库房。另外，也可以根据文物藏品的珍贵程度加以区别，一级文物藏品应设专库或专柜收藏，重点保管。博物馆的文物保管人员应详细记录每天馆藏文物的环境变化情况、文物库房温湿度等信息和文物保存状况，及时了解掌握馆藏文物的保存状况。

加拿大多伦多皇家安大略博物馆文物库房

当前，应从改善博物馆藏品的预防性保护现状入手，减缓馆藏文物劣化的速度，使文物藏品得以长久保存。“博物馆的物不能没有昨天，因为人需要通过博物馆的物感知昨天。我们继承了前人的历史遗产，又为我们的后人准备了他们将要继承的历史遗产。没有哪个行业比博物馆更直接地为后人工作着，没有哪个行业比博物馆更具有历史与未来的直接衔接与统一。”① 虽然现代环境科学和技术获得了飞速发展，但是当前我国馆藏文物预防性保护管理意识淡薄，博物馆环境质量不高，基础研究不足。污染物浓度普遍较高、温湿度波动幅度较大、环境监测和控制技术手段缺乏等问题，已经成为馆藏文物遭受劣化损害的主要原因。因此，迫切需要引进新的理念，研究建立适合行业特点的环境监测方法、评估体系、调控技术和控制指标。

文物藏品保护包括日常养护和修复处理两部分内容。为了避免自然环境及其他因素造成文物藏品的损坏，必须采取相应的措施，科学有效地防止、延缓各种不利因素的侵害，主要对策是防潮、防虫、防尘、防污染和防机械性损伤等。对于需要处理的文物藏品，则要采取清洗、消毒、加固、复原等技术性措施。由于文物的材料质地、制作时代、造型纹饰、埋藏环境等差异很大，因此，即便是同一类文物也不应千篇一律地用同一方法进行养护处理。博物馆藏品中有一些有机质地制品，它们对湿度的要求相对无机质地制品更为严格，相对湿度过高会造成霉菌的滋生，意味着文物腐朽损坏，相对湿度过低会造成文物的脆裂、翘曲变形。控制的尺度掌握在多少为宜，这就需要通过监测来划定一个较为理想的范畴，达到保护

① 盘福东：《多维视野中的博物馆文化作用——桂林博物馆为例》，见《携手 2010：宁波国际博物馆高峰论坛》，124 页，2008。

的目的。

几十年来，全球变暖和自然灾害频发，使得人类逐渐增强了自身的危机意识。面对风暴、暴雨、地震等灾害的频繁发生，一些灾害多发的发达国家，都制定出适合自身的防灾预案，力图在灾害来临之际，将生命和财产损失降低到最小。我国是世界上遭受自然灾害最严重的国家之一，需要在生产、生活等各个领域都牢固树立防灾意识，作为公共文化机构的博物馆更应如此。文物藏品是不可再生的文化遗产，风沙、洪水、海啸、冰雪、地震、雷电、泥石流等自然灾害都可能对文物藏品造成损害甚至损毁。如何提高博物馆防灾减灾能力，建立科学的防灾减灾工作机制，是重大自然灾害对文物藏品保护工作提出的新课题。

为此，应牢固树立博物馆藏品安全的忧患意识和危机意识，有意识地将文物藏品保护工作置于可能发生的各种自然灾害状况中，有计划地采取科学、有效的措施，有预案地主动避免自然灾害可能对文物藏品的损害。首先，要对博物馆所处的地质地貌和天文气候等自然地理环境进行科学研究和分析，明确可能危害博物馆安全的主要自然灾害，为采取科学有效的防灾措施提供科学依据。其次，与气象、地质、地震等相关部门保持经常的联系与沟通，及时取得和掌握自然地理和气候变化的准确信息资料，为防灾减灾工作提供依据。再次，做好增强灾害防范意识的宣传教育，使博物馆员工牢固树立防灾意识，提高全员防灾能力①。

四川绵阳地区博物馆和文物收藏单位集中，馆藏文物富集，但是保存环境相对简陋，保管水平相对落后。因此，在这里建设具有高抗震性能的区域性文物中心库房，进行文物保存环境达标建设，

---

① 常金国：《牢固树立防灾意识　科学制定应急预案》，载《中国文物报》，2008-06-20（3）。

集中保管国有馆藏珍贵文物，比全国其他地区更加具有必要性和紧迫性。从2004年起，国家文物局在四川省绵阳博物馆等12个博物馆，开展馆藏文物保存环境达标建设试点，并探索文物藏品集中保管新机制，取得积极成果。2007年5月，四川省绵阳市依托绵阳博物馆建成了馆藏文物保存环境达标的文物中心库房，集中保管全市5000余件国有馆藏珍贵文物和20000余件一般文物。

四川绵阳博物馆中心库房

“5·12”四川汶川特大地震发生在南北地震带上的龙门山构造带中央断裂带。在汶川特大地震中，绵阳博物馆中心库房发挥了巨大的作用，除1件珍贵文物因体积过大摆放于密集柜外而出现裂缝，1件一般文物损毁外，其余保存在文物中心库房密集柜内的珍贵文物都得到安全保管。绵阳市辖区内各县市区，包括北川、平武、安县、江油等极重灾区的所有珍贵文物，都得到了保护，这是地震灾难不幸中的万幸，也是一个奇迹。与此相反，这一地区各县级博物馆没有在文物中心库房保管的一般文物藏品，1500 件以上在地震中遭到损坏，其中北川县博物馆的 800 多件文物藏品全部被埋在废墟中，损失惨重。

四川绵阳博物馆中心库房

奇迹的出现是幸运的，也是必然的。绵阳博物馆文物中心库房是国家文物局馆藏文物保存环境达标建设试点项目，是由绵阳博物馆在原有普通库房的基础上改建而成的，总面积为 1810 平方米，其中恒温恒湿库房面积为 474 平方米，分为金属类、玉石类、陶瓷类和有机质材料类库房。还建有文物暂存室、文物摄影室、文物提看室、文物养护室、管理员办公室和保卫值班室等，成为四川省乃至整个西南地区首座馆藏文物环境达标库房。此外，绵阳博物馆文物中心库房对全市各县市区文物管理所、博物馆中不具备收藏保管条件的馆藏珍贵文物实行文物代管制，弥补了基层文物收藏单位馆藏文物保管条件差的缺陷，在全国也是首例。

实行文物代管制之初，有些县市区存有顾虑：一是担心珍贵文物被调拨；二是担心珍贵文物使用不方便；三是担心文物代管要增加开支。针对这些顾虑，绵阳博物馆提出代管文物“权属不变，无偿代管、提用方便、确保安全”的原则，从而赢得了基层文物收藏单位的支持。代管的方式是签订代管协议，当面点验代管文物并制作图文档案；同时制定《代管文物管理办法》，明确了代管文物的保管场地、出入库、提用、养护、安全和使用管理等具体办法。截至2007年年底，绵阳博物馆文物中心库房正式代管绵阳市所属七县市区国有馆藏珍贵文物2997件，占应入库代管珍贵文物总数的95.1%。

我国是世界上地震灾害最严重的国家之一。20世纪以来，我国共发生6级以上地震近800次。《中国地震带分布图》显示，一条条地震带分布在我国广袤的大地上。我国西部地区的地震带大大多于东部地区，其中新疆、西藏、青海、甘肃、宁夏、陕西、四川、云南等省区，均处于十分复杂的地质地理环境之中。文物中心库房的选址建设，应按照《中国地震带分布图》的标识，尽可能地避开地震带，特别是避开历史上发生强烈地震频率较高的地震带。在具体选址时，还应避开山麓、河谷地带，防止泥石流、洪水的侵袭。文物中心库房建筑本身应具有高抗震性能。鉴于文物的不可再生性，区域性文物中心库房建筑物的抗震设防烈度应高于普通建筑物的基本设防烈度，确保文物中心库房整体建筑能经受强震而不倒塌，进而确保馆藏文物安全。

日本是一个多地震的国家。1995年1月日本兵库县南部发生阪神、淡路7.5级大地震，很多建筑受到严重损害，有的博物馆建筑虽未受损伤，但是文物藏品库中很多贵重艺术品由于倾倒而损坏。为应对地震灾害，日本政府用数十年时间建立了一套地震预防、准备、响应和重建的战略规划，并予以法律化、制度化，使具有减震结构的建筑在日本得以普及。日本的博物馆在抗震理念、对策和应用技术的研究方面，从自身受害的实例中不断总结经验，增强博物馆的抗震对策，例如抗震理念由固定的刚性概念，转向动态的柔性设计①。 即使如此，2011 年 3 月，日本特大地震和海啸又造成岩手县、宫城县、茨城县和福岛县的博物馆受到严重破坏，大量馆藏文物损毁。其中海啸将一些博物馆建筑冲毁，而且使一座博物馆彻底消失②。

日本奈良国立博物馆

① 王林：《博物馆的地震保护——ICAMT·从日本到北美西海岸》，载《中国文物报》，2008-07-04（6）。

② 何静：《日本大地震造成 295 件（处）文物受损》，载《中国文化报》，2011-03-23（1）。

我国博物馆系统在灾害应对问题上，还存在着明显不足。例如应急管理理论体系尚不成熟、风险评估和预警机制尚不健全、灾后快速评估体系尚不完善、综合性应急救援网络体系尚未形成、民众参与型应急管理体系有待建立等。特别是在已建成现代化博物馆，安全设施日趋完善之后，思想上放松警惕。应对突发性灾害工作预案的制定过程，是根据现有物质技术条件，将各项防灾救灾措施、方法和手段系统化、条理化和组织化的过程。预案应具备针对性、协调性、可操作性，包括组织、指挥、协调系统，信息报告、宣传系统，监督检查系统，人力、物力配备状况，防灾救灾措施、程序、技术、方法、手段等内容。应对突发性灾害工作预案启动包括博物馆所在地政府以及相关行业、部门、组织和社会公众在内的所有社会力量。

在“元代张达善跋《隋人书出师颂卷》”捐赠仪式上的致辞

（2013 年 9 月 29 日）

“元代张达善跋《隋人书出师颂卷》”捐赠仪式

故宫博物院藏《隋人书出师颂卷》是目前存世极少的早期章草墨迹中的珍品之一。2003 年，故宫博物院行使优先购买权，以 2200 万元人民币的价格从中国嘉德春季拍卖会中购得该作，弥补了故宫博物院藏品中隋代法书的不足，也使故宫博物院两晋隋唐之早期法书名迹形成系列。但令人遗憾的是，它的附件元代张达善的题跋一直缺失至今。

此次，承蒙中国嘉德创始人陈东升先生提议，由中国嘉德与红树白云楼主人陆牧滔先生共同将此件重要文物捐赠故宫博物院。这不仅使故宫博物院补充了一件元代大儒的书法孤品，更为重要的是，它实现了《隋人书出师颂卷》的合璧，对于今后《出师颂》的传承和中国早期书法史研究也很有意义。

“孙瀛洲捐献文物精品展”开幕式

故宫博物院历来的文物征集方针是“征集原清宫遗散在外的文物和各艺术门类中的精品”，建院80多年来，馆藏文物在原清宫旧藏的基础上得以不断充实，既得益于国家的关心和支持，也与海内外各界人士的踊跃捐赠密不可分。自1939年以来，已有760余人次向故宫博物院捐赠了藏品，捐赠的藏品共计3万多件。在这些捐赠品中，不乏国宝级文物，极大地丰富了故宫博物院的文物收藏。为彰显捐赠者的义举，故宫博物院特辟“景仁宫”为捐赠专馆，设置“景仁榜”镌刻捐赠者姓名，举办捐赠展览、出版《捐献大家》等系列图录。比如今年，为了纪念孙瀛洲先生诞生 120 周年，故宫博物院刚刚举办了“孙瀛洲捐献文物精品展”及座谈会。今天我们很高兴地看到，故宫博物院“景仁榜”上又多了“中国嘉德”和“陆牧滔”的名字。

当前，我国文物市场异常繁荣，文物价格频出高价，在这种社会背景下，中国嘉德和陆牧滔先生的慷慨捐赠更属难能可贵。在此，我谨代表故宫博物院向陈东升先生，向中国嘉德，向陆牧滔先生表示诚挚的谢意和崇高的敬意。对于此件文物，故宫博物院将妥善保管，并适时展出，以充分发挥它应有的学术价值和社会效益。我们也热切地期盼，以此次文物捐赠为示范和带动，能有更多的收藏家关心中国文物博物馆事业的发展，故宫“景仁榜”上能够出现更多捐赠者的名字。

平安故宫　千秋大计——故宫博物院“平安故宫”工程概述①

（2013 年 9 月）

一、《“平安故宫”工程总体方案》的酝酿、起草、批准

2012 年年初，故宫博物院领导班子通过走访全院 32 个部处，了解了各单位的发展建议和愿望，其中很多涉及文物安全问题；通过走访故宫博物院老领导，院学术委员会委员、国家文物鉴定委员会委员以及院外部分专家学者，了解了故宫博物院事业发展急需解决的重要问题，他们对如何加强故宫文物安全提出诸多意见；通过走访驻院武警支队、消防中队、第一历史档案馆、天安门管理委员会，走访财政部、国家文物局、国家审计署文体审计局；走访北京市公安局、北京市旅游委、东城区人民法院、东华门街道办事处等单位，沟通加强故宫文物保护的意见，各单位对于共同加强故宫文化遗产安全提出积极建议。

通过调查文物建筑保护状况、文物库房藏品保存环境、文物安防技防设备、文物保护科技设施、开放路线观众接待条件、员工办公及生活区域，以及端门广场、大高玄殿等周边环境，发现文物建筑、文物藏品和观众接待等各个环节均存在一些安全隐患，有的方面相当严重，需要及时加以解决。2012 年 5 月，经过持续、广泛、深入的调研，故宫博物院通过文化部向国务院提出开展“平安故宫”

① 此文发表于《中国文物科学研究》2013 年第 3 期，第 1 页。

工程的建议，以彻底解决故宫存在的火灾隐患、盗窃隐患、震灾隐患、藏品自然损坏隐患、文物库房隐患、基础设施隐患、观众安全隐患等七大安全问题。

国家高度重视和关心故宫文化遗产保护和博物馆建设事业。2012 年 5 月以来，国家领导同志相继对故宫保护利用工作做出重要批示，强调保护好故宫，建设好故宫博物院，具有非常重要的意义，并就加强故宫建设有关问题做出具体部署。

2012 年 7 月 26 日，刘延东同志到故宫博物院调研，并对“平安故宫”工程做出明确指示，要求进一步完善安全管理的制度措施，抓紧实施“平安故宫”工程，切实解决防火、防盗、防震、文物库房、基础设施和观众安全等方面的问题，确保文物和古建筑安全、万无一失。此后，故宫博物院在文化部的领导下，在国家有关部委和北京市的大力支持下，认真学习领导讲话内容，领会批示精神，全力推进“平安故宫”工程的各项工作。

根据国家领导同志的指示，故宫博物院专门组织人力，成立工作小组，负责起草《“平安故宫”工程总体方案》，尽快上报国务院，争取立项。在此期间，经过深入分析故宫安全现状，反复讨论、研究，并征求各方面意见，最终提出，为彻底解决故宫面临的火灾隐患、盗窃隐患、震灾隐患、藏品自然损坏隐患、文物库房隐患、基础设施隐患和观众安全隐患等七大安全问题，有针对性地实施七项重点工作内容。一是故宫博物院北院区建设，二是地下文物库房改造，三是基础设施改造，四是世界文化遗产监测，五是故宫安全防范新系统，六是院藏文物防震，七是院藏文物抢救性科技修复保护。

随后，故宫博物院抓紧开展有关文件的起草工作。2012 年 8 月

16 日，将《“平安故宫”工程实施纲要》报送文化部，以初稿形式征求各方面意见。之后，根据国务院办公厅意见，经过与各方面充分沟通、认真修改，最终形成的《“平安故宫”工程总体方案（修订稿）》，于 2012 年 12 月 14 日再次正式上报文化部。之后，该方案以文化部、国家发改委和财政部三部委的名义，发函征求科技部、公安部、国家文物局、武警部队、北京市人民政府的意见，根据反馈意见修订的方案，于 2013 年 3 月正式上报国务院，并于 4 月获得批准。

2013 年 4 月 16 日，刘延东副总理在故宫博物院海淀区西玉河基地调研时强调，要把“平安故宫”工程作为重大文化建设工程，全面提升故宫博物院的文化遗产保护、展示、传播和服务观众能力，实现故宫博物院的高水平保护利用和可持续发展，为传承弘扬中华优秀传统文化、满足广大民众精神文化需求、提升国家软实力做出新贡献。

刘延东副总理强调，2020 年是故宫建成 600 周年。要围绕建设中国特色、世界一流博物馆的目标要求，根据我国国情和故宫历史文化特色，借鉴国外一流博物馆的经验，科学论证编制《故宫保护总体规划》；坚持以人为本、科学实用，坚持硬件建设与软件建设有机统一；加强科技支撑和自主创新，突出环保、节能，确保质量、安全。要在统筹规划基础上，突出重点，区分缓急，分阶段组织实施故宫博物院北院区建设、地下文物库房改造、安全防范新系统、文物防震、基础设施改造、世界文化遗产监测、文物抢救性科技修复保护等项目。要保障必要经费，坚持精打细算，严格资金监管，务求节俭廉洁。要加强组织领导、部门协同配合和专家咨询论证，科学、民主、依法决策，组建强有力管理团队，精心组织实施“平安故宫”工程建设，切实把故宫保护好、建设好、管理好、使用好、发展好。

需要特别强调的是，在《“平安故宫”工程总体方案》形成的过程中，国家领导同志高度重视“平安故宫”工程的建设，多次视察故宫博物院，听取汇报，并做出重要批示。故宫博物院也积极争取社会各界对“平安故宫”工程的理解和支持，以使各项工作开展更加顺畅，同时为了集思广益，使“平安故宫”工程的各项工作更加科学、合理，在半年多时间里，故宫博物院相继邀请国家相关部委、北京市各有关单位和专家来故宫实地考察、调研，多达数十批次。社会各界对“平安故宫”工程给予了充分的肯定和积极的支持，并提出许多极具价值的指导建议和意见。

目前，“平安故宫”工程各项准备工作正在稳步推进，即将全面实施。

二、“平安故宫”工程的保护对象与目标

根据工程总体方案，“平安故宫”工程的保护对象，一是占地112公顷、建筑面积17万平方米的古代木结构宫殿建筑群；二是180万余件文物藏品；三是每年约1500万中外观众。通过“平安故宫”工程的实施，将有效解决故宫博物院目前存在的亟待解决的火灾、盗窃、震灾、藏品自然损坏、文物库房、基础设施、观众安全等安全隐患。

“平安故宫”工程的近期目标，是争取用3年时间，在2015年，即故宫博物院成立90周年之时，有效消除目前存在的防火、防盗、防雷、防震、防踩踏等方面的重大安全隐患，解决其中最紧迫、最危险的隐患点。

“平安故宫”工程的中长期目标，是用8年时间，在2020年，

即紫禁城建成600年之时，基本实现故宫博物院进入安全稳定的健康状态，全面提升管理和服务水平，迈进世界一流博物馆行列。

三、“平安故宫”工程亟待解决的安全隐患

“平安故宫”工程主要解决故宫面临的七个方面的安全隐患。

一是火灾隐患。故宫博物院高压消防系统覆盖不全面，一些古建筑周围未设消防栓；防雷避雷设施有所欠缺，因雷击损坏古建筑及引发火灾的现象时有发生；为展览、安保等需要在古建筑群内设置的电气线路密如蛛网，因老化发热等因素随时可能引发火灾；因办公、藏品库房面积不足等原因临时建设的58座彩钢房也存在严重安全隐患。

二是盗窃隐患。故宫博物院安保设备建于20世纪90年代，10多年没有升级，无法适应当前盗窃手段不断提升，呈现集团化、智能化和暴力化的趋势。

三是震灾隐患。北京地处燕山地震带与华北平原中部地震带的交会处，历史上多次发生强震。故宫博物院对文物库房和日常展陈的文物虽采取了一些传统的简易防震措施，但很不系统、不规范；因库房面积严重不足，瓷器等脆弱文物无法装入囊匣而集中叠垒，均存在严重防震安全问题。

四是藏品自然损坏隐患。囿于地库的空间，故宫博物院180万件藏品中目前仍有约一半只能利用古建筑作为库房；展室均在古建筑内，除少数几处可以实现相对有限的温湿度控制外，基本处于自然状态。这些藏品面临寒、暑、光、尘等自然条件的威胁，无法达到文物保护的基本条件，日积月累，对之造成致命的隐性伤害。

五是文物库房隐患。受当时技术条件制约，故宫博物院一、二

期地库不能针对不同质地藏品实现温湿度调节；二期地库采用水冷式空调，上方储备了约 50 吨水作为冷却水源，目前冷却管、蒸发器已锈蚀，一旦开裂，文物将遭灭顶之灾。

六是基础设施隐患。故宫博物院基础设施大部分建于 20 世纪 50—80 年代，有的甚至可以追溯到明代，缺乏统一规划，老化、腐蚀严重，存在跑冒滴漏甚至爆裂现象，隐患重重。

七是观众安全隐患。目前，故宫博物院每年接待观众约 1500 万人次，且仍以年均 100 万人次的速度递增，构成了全世界数量最庞大、结构最复杂的观众群，由此造成的拥挤踩踏和人身伤害等突发事件的威胁不断加剧。

故宫博物院观众流量监测系统

四、“平安故宫”工程重点内容

“平安故宫”工程重点内容主要包括七项。

一是故宫博物院北院区建设。旨在解决故宫博物院大量大型珍贵文物（如家具、地毯、巨幅绘画、卤簿仪仗等）因场地局限而长期无法得到及时、大规模的科学保护和有效展示的问题，同时把传统文物修复的技艺（即非物质文化遗产）展示给公众。该项目位于海淀区北部新区的西玉河，未来将作为该地区的重点文化项目和重要的公共文化设施。

二是地下文物库房改造。对原有地下文物库房进行升级改造，完善、加固地库结构，改善防水、防震措施，按照现行国家工程建设消防技术标准改造文物库房，更换陈旧老化设备，实现温湿度分区分类调控，使现存地库的 90 余万件文物得到更加科学的保护。同时，经科学论证，合理地增加文物科学保管空间，按照国内外博物馆惯例和藏品管理标准，在地库内完善文物摄影、筹展等配套使用功能，从而逐步减少地面文物库房，拆除临时彩钢板建筑，整体提升文物保管条件。

三是基础设施改造。按照“整体规划、论证先行、分区分阶段实施”的原则，根据相关消防技术标准规范要求整体规划设计火灾防控系统，在充分调研分析故宫博物院整体火灾风险的前提下，采取针对性措施，提出与故宫博物院消防安全需求相一致的消防标准要求并付诸实施。同时，在确保安全的前提下，对现有基础设施，如供水、消防、避雷、雨水、污水、供热等管线以及供配电和智能化系统、设施等进行全面规划建设和升级改造，实现优化管理，方便维护和检修，以期及时发现问题，消除隐患，以布局合理、完善先进的基础设施为故宫安全奠定坚实基础。

四是世界文化遗产监测。故宫博物院于 2011 年正式成立“故宫世界文化遗产监测中心”，建立“监测信息化平台”，对文物建筑、馆藏文物、游客动态等 10 个方面进行持续监测，力求全面真实地反映其保存和安全状况，为安全管理决策提供数据支撑，推动遗产保护工作从被动到主动、从直觉判断到信息化和智能化、由事后反应到事前预防的转变，实现故宫遗产保护的完整性、时效性、科学性和系统性。其中重点做好文化遗产接待观众承载能力的测算，以此为基础，通过建立预约制度、优化参观路线、强化疏导干预等手段，最大限度避免观众踩踏等恶性事件发生。

五是故宫安全防范新系统。在按原计划 2014 年完成目前的应急安防工程外，规划建设智能化程度高、功能设置完善、性能可靠、综合防范能力具有世界先进水平的故宫博物院安全防范新系统。结合安全责任网络管理，合理设置应急备勤点并配备器材装备。强化日常保卫和应变处置能力，实现技防、人防、物防有机结合，全面提升安全防范工作水平。

六是院藏文物防震。对故宫博物院的文物库房和展室进行全面排查，采用封闭式、轨道式金属密集柜、文物囊匣和现代减隔震技术相结合的手段，逐步实现对院藏文物的全面抗震防护。制定并落实文物建筑本身和内装修等非结构构件及附属设施的抗震措施，全面提升所有库房和文物建筑的抗震能力。提出地震引起的次生灾害的防御对策，全面落实临震和震后的应急防护机制、紧急抢救和修复等综合防灾措施，力求能够防御北京周边发生的八级左右特大地震的威胁。

七是院藏文物抢救性科技修复保护。针对大量院藏文物濒临腐蚀、锈蚀等严重自然损坏状况，建立大型、综合文物修复中心，以现代科技与传统技艺、院内人才与社会力量相结合，对藏品进行全面和持续不断的修复。建立完善相应类别的文物修复工作室，购置更新必要的仪器设备、珍贵材料，强化人员培养，分轻重缓急开展文物保护修复任务，使故宫博物院文物保护修复工作得到较大改观。

在七项重点内容中，故宫博物院北院区建设将彻底解决故宫大型藏品多年来无法修复、保护和展示的难题，为腾退古建筑空间并进行及时保养、维修创造条件，且已得到北京市和海淀区的大力支持，计划优先考虑实施。地下文物库房改造、安全防范新系统和院藏文物防震，均直接关系消除故宫藏品和古建筑的安全隐患，提升安全等级，因此较为迫切。基础设施改造前期工作有一定基础，经过多年专家论证已获得通过，可按程序逐步推进。世界文化遗产监测，着眼于未来，谋划故宫博物院事业的可持续发展。院藏文物抢救性科技修复保护，因需在北院区项目竣工后才能大规模实施，因此目前安排进行前期准备，着手选择合适门类开展试点工作。

五、“平安故宫”工程七项重点内容的工作进展情况

“平安故宫”工程得以批准，使故宫博物院全体员工深感振奋，使命感、责任感进一步增强。故宫博物院及时召开“平安故宫”工程大会，进行思想动员，并多次召开专题会议研究部署，督促具体项目落实。

根据现有的人力、物力和财力，积极推动“平安故宫”工程各项重点内容的前期准备工作。截至目前，各个项目进展情况如下。

一是故宫博物院北院区建设。

去年，故宫博物院与海淀区建立了由主管领导牵头、具体部门参与的联合工作组，全面启动服务、协调和对接工作，共同研究推进故宫博物院北院区的建设事宜。

经过多次研究，并征得北京市规划委员会同意，基本明确了项

目内容和规划思路，初步达成了两个共识：一是明确项目选址、总用地面积以及建设内容；二是明确项目规划设计范围。

在上述共识的基础上，邀请清华大学建筑设计研究院开展前期研究，委托清华大学建筑设计研究院进行该项目建筑策划与概念设计研究。

“平安故宫”工程月度新闻发布会

目前，正在积极编制项目建议书；同时与北京市规划委员会、海淀区政府、清华大学建筑设计研究院等有关部门沟通协调项目规划调整问题，取得项目规划条件；根据项目规划条件，调整、修改项目规划方案；与文化部，国家发改委，北京市规划、建设、园林、土地、水务、环保、交通等相关部门，以及海淀区政府等协调项目立项相关问题；进一步对项目规划、建筑形式、功能需求、建筑规模、园林园艺设计定位以及该地区防洪等方面进行研究。

海淀区政府正在对项目研究范围内的用地进行征地拆迁入户

调查工作。在外围市政道路建设方面，将翠湖南路和上庄东路列入2013年投资建设计划，并启动南沙河南侧路前期工作。

与此同时，完成了对故宫博物院北院区原有区域已建成业务用房的验收，安防、消防设施改造等工作，拟定了西玉河基地的相应管理制度等，加强物业管理和安全巡查，为该区域环境、安全、管理方面提供保障。

二是地下文物库房改造。

1. 委托国家建筑工程质量监督检验中心对故宫博物院地库进行现场检测和安全性鉴定，取得了一期、二期地库现场检测和安全性鉴定报告，为地库改造提供科学依据。

2. 启动了地下文物库房与西河沿文物保护综合业务用房地下连接通道工程及地库功能升级等项目前期工作，编制了地库改造工程项目方案设计，并上报北京市文物局、国家文物局，于2013年2月取得国家文物局、北京市文物局关于地库改造工程原则同意的批复意见。

3. 设计地库上方内务府地块文物藏品管理用房工程概念方案，并征求专家意见，修改、调整设计方案。

4. 联系国家发改委、文化部、市建委、国家人防办等相关部门沟通项目申报事宜。

5. 筹划二期地库空调系统改造的前期论证、可行性报告的编制及方案制定工作。

6. 2013年5月2日，根据北京市文物局《关于故宫博物院地下库房改造项目的复函》的批复意见，召开了故宫博物院地库改造工程项目专家咨询会。根据专家咨询会的意见，完成了地库改造工程项目概念方案设计的修改，并编制了《故宫博物院地库改造工程项目方案设计评估报告》。

7. 编制了地库改造工程项目建议书，已向文化部申报。

三是基础设施改造。

根据专家论证会意见，以故宫博物院南热力站供热区域管线维修改造工程作为基础设施改造试点，取得重大进展。已完成该区域约17万平方米岩土工程勘察；报请北京市文物局同意考古勘探，并与北京市文物研究所签订了《故宫博物院基础设施现状管线维修改造工程南热力站供热区域考古勘探合同》，同时配合考古勘探拆除及恢复路面、草坪工作的工程量清单及标底编制工作也已完成。已完成故宫博物院基础设施南热力站供热区域现状管线维修改造工程配合考古勘探拆除与恢复路面、草坪工作的施工招投标并委托了监理单位。编制完成了《故宫博物院基础设施维修改造一期（试点）工程项目建议书》，已经上报文化部。

现故宫博物院基础设施南热力站供热区域现状管线维修改造工程考古勘探以及配合考古勘探拆除及恢复路面、草坪工作已经开工，目前该工程进展顺利。

四是世界文化遗产监测。

2012年是故宫世界文化遗产监测的起步年，着手对室外陈设、环境质量、文物建筑、基础设施、植物动物、安全防范、游客动态、馆藏文物等方面开展监测，并每月定期编写1期《监测通讯》在故宫办公网公示，截至2013年5月，已编写14期，并完成《故宫世界文化遗产监测报告（2012）》的中文版撰写工作。目前，监测项目中，完成普查和家底清理工作的项目有室外陈设、基础设施、植物和馆藏文物；开始数据库系统建设的项目有室外陈设、环境质量（包括气象信息与空气质量）、植物监测、白蚁监测、游客动态（检售票系统部分）；进行全面信息采集的项目是室外陈设、基础设施（电力部分）；已完成招标程序进入建设阶段的项目包括游客动态、展厅温湿度监测（二期）、检售票系统建设；进行监测预研究的项目有室外陈设、文物建筑、安全防范、环境质量等。

故宫博物院安全防范系统

五是故宫安全防范新系统。

故宫安全防范新系统旨在运用最前沿的安全技术和安防理念，通过技术防范体系的完善、人防与技防的有机统一、管理和服务能力的有效提升，提高故宫博物院安全保卫等级，实现对古建筑、文物藏品和观众安全的多重保障、全面覆盖。

该系统主要包括以下10个方面的内容:建立警情联动处置系统；实现安检力量的专业化、社会化；改造更新端门区域安全防范系统；升级改造门禁系统；运用物联网技术对文物藏品进行全时空防范；建立应急指挥平台；改造高压消防泵站及高压管网；改造二期地库空调系统；实现视频监控无缝隙覆盖（加密工程）；完善各类应急预案。目前，各项目进展如下。

1. 警情联动处置系统项目正处于招投标阶段。此系统可保证快速有效处置警情，规范固定哨位、夜巡人员的值班行为。

2. 安检专业化、社会化项目，已经完成安检保安服务、安检机及其附属设备的采购。

故宫博物院文物安全工作检查

3. 端门区域安全防范系统更新改造项目，投标工作已经结束，正处于招标阶段。

4. 门禁系统升级改造项目。该项目的核心是为故宫量身定制一把“门锁”，提升各类门禁系统的安全性。该项目已经完成方案编制、技术研发，正在进行设备检验及验证工作。

5. 运用物联网技术对文物藏品进行全时空防范项目，已经委托专业团队编制方案。

6. 应急指挥平台项目，已经完成前期论证、可行性报告的编制及方案制定，正着手进行专家论证、项目报批工作。

7. 高压消防泵站及高压管网改造项目，已经完成方案编制工作。该方案如报批通过，将立即进行设计招标。

8. 二期地库空调系统改造项目，已经委托专业公司进行方案设计，将与地库改造项目同步实施。

9. 视频监控无缝隙覆盖项目（加密工程）是由美国波士顿爆炸案和故宫博物院“人打钟”事件催生的，是对故宫博物院正在改造的安防系统的进一步提升，是安全管理工作上进行的技术更新。该项目已经着手编制方案，并进行了第二次修改。

10. 各类应急预案的完善，正按计划进行。

六是院藏文物防震。

首先选择亟待解决和存在突出安全隐患的问题作为实施重点，以部分地面、地下库房和部分原状陈列、原状库房为试点进行防震保护。区分轻重缓急，采取传统与现代技术相结合的综合防震措施，逐步完善故宫博物院文物抗震体系。

为加强文物防震工作的科学性，故宫博物院与国内最早致力于防震技术研究的国家级权威机构——中国地震局工程力学研究所合作，分期开展全院易损文物防震评估，包括文物防震现状现场踏勘调查、测量，地震易损性评估计算及地震模拟实验，防震措施研究三大环节。首期文物防震评估工作于2012年年初从宫廷部易损文物开始，具体范围包括钟表、玺册、外国文物库房和雨花阁。2013年3月，中国地震局工程力学研究所科技发展部主任戴君武博士来院做首期文物防震评估结项报告，在采用囊匣加密集柜、密集柜加隔震地板和密集柜隔震系统三种方式逐步推行文物库房改造和采用

“隔固结合”的方式进行原状库房文物保护方面提出专业建议。

七是院藏文物抢救性科技修复保护。

1. 建立文物保护修复工作室。已筹备成立了车马轿舆文物、木器家具、点翠文物、金属文物、中和韶乐、百宝嵌文物、古钟表、古书画、宫灯、纺织品等 10 个左右文物修复工作室。目前，鉴于故宫西玉河综合业务基地的安防设施改造尚未完成，将慈宁宫作为文物修复工作室的临时用房，改建工作已经开始，6 月中旬木器文物修复、宫灯文物修复等几个文物修复工作室将正式启动，开始进行文物的实际修复工作。

2. 探索新的用人机制，开展广泛的科技合作。与北京市东城区政府签订了以对故宫院藏文物进行抢救性修复为主旨的战略合作框架意向书，利用该区传统技艺人才资源优势（有些企业的传统艺人是当年清宫造办处的后代传人），对故宫馆藏文物进行抢救性的修复。这既是文物保护修复在用人机制上的一种探索，也是实施“平安故宫”项目的人才保障，同时为传统技艺的传承与发展注入了新的活力。

2013 年 4 月 17 日，故宫博物院文保科技部与东城区科委在西玉河综合业务基地召开了项目落实联席会。故宫博物院宫廷部、古器物部、法律处，北京金漆镶嵌有限责任公司，北京同兴合古典家具有限责任公司，北京龙顺成中式家具有限公司，北京象牙雕刻厂有限责任公司，北京美术红灯厂有限责任公司和北京剧装厂的负责人，共同讨论了文物修复的具体合作事宜。此次联席会的召开，标志着与东城区合作开展文物抢救性科技保护修复项目，进入具体实施启动阶段。

同时，与北京工业大学材料学院、中国科学院自然科学史研究所合作开展修复工作理论的研究，以便为世人留下宝贵的保护修复层面的科技资料，这也将是“平安故宫”项目成果的一个方面。

六、“平安故宫”工程指导思想与基本原则

“平安故宫”工程指导思想是在准确把握当今时代对文化遗产保护、弘扬中华文化的新要求，在确保故宫安全的前提下，进行博物馆事业的不断拓展。争取通过 8 年坚持不懈的努力，以推进“平安故宫”工程为契机，使古建筑的原真性和完整性得到充分体现，逐步提高故宫藏品保存和修复条件，提升故宫博物院的文化遗产保护能力、展示传播能力和观众服务能力。实现文化遗产完整保护，实现环境质量稳步提升，实现安防设施全面覆盖，实现开放区域适度扩大，实现文物库房功能改善，实现文物藏品保护修复。

在实施“平安故宫”工程的过程中，故宫博物院将始终坚持以下四项“基本原则”。

1. 安全第一，保护优先。故宫博物院的所有规划、措施都将着眼于故宫完整保护这一根本目的，在确保故宫安全的原则下制定和实施。

2. 科学论证，慎重决策。结合故宫安全方面的实际情况和突出困难，科学合理地确定项目内容、规模和标准。深入论证，严格履行各项工作程序。

3. 统筹规划，分步实施。处理好故宫本体与博物院之间的关系，统筹协调文物保护与展示、基础设施建设与故宫古代建筑整体修缮、工程实施与日常开放运行以及具体项目之间的关系。同时，对各个具体项目区分轻重缓急，突出重点，分阶段逐步实施。

4. 软硬并举，创新管理。在硬件建设的同时，狠抓管理，进一步加强制度建设，提升管理水平。

七、“平安故宫”工程的实施

“平安故宫”工程的顺利进行，必须要科学组织，特别是涉及文物安全的项目，更要认真细致安排实施。下一步，为了保证“平安故宫”工程的实施，故宫博物院将采取以下措施。

1. 组建“平安故宫”工程专家咨询委员会。以故宫修缮工程专家咨询委员会为基础，组建“平安故宫”工程专家咨询委员会，充分发挥专家的作用，就工程中重大问题进行咨询、论证及安全风险评估。

2. 严格履行审批程序。按照相关法律、法规的要求，对工程涉及的有关项目按程序履行审批手续。项目位于世界文化遗产核心区及全国重点文物保护单位保护范围的，向文物部门申报并获得批准；项目中涉及基本建设的，按基本建设程序报发展改革部门履行审批手续；项目涉及财政资金的，按照部门预算管理的有关规定报财政部门履行审批手续。

3. 强化内部管理。结合“平安故宫”工程实际，有针对性地完善或制定一系列规章制度，加强资金管理，狠抓落实，堵塞一切可能的安全漏洞，严格控制大型群众性活动和临时性商业展览活动。

4. 国家有关部门按照程序对“平安故宫”工程资金和绩效进行全程监督，确保工程顺利推进和圆满完成。

“平安故宫”工程总体方案确定后，文化部按照有关规定分别向国家发改委、财政部申报有关项目和资金：属于基本建设范畴的，由发改委审批并安排资金；与故宫博物院事业发展有关的，由财政部审批并安排资金。项目具体建设内容、规模和资金数额待履行完相关审批程序后确定。

八、“平安故宫”工程的保障与预期成效

“平安故宫”这样一项大工程，在实施过程中不仅需要故宫博物院全力以赴，而且需要各有关部门的大力支持以及多种保障。

比如，需要与科技部协商，与高水平科研单位合作，充分借鉴国内外先进做法，区分轻重缓急，切实改善故宫馆藏文物保存环境；需要与公安部协商，将故宫列为武警警卫目标；需要与公安部、财政部协商，研究驻故宫消防中队配备适合故宫消防需要的特种装备以及车辆装备器材库改造的方案；需要与北京市人民政府协商，对端门至午门之间区域实行封闭管理，加强故宫周边环境，特别是东华门、西华门和神武门外区域的环境秩序整治。

在人才培养和队伍建设保障方面，需要根据“平安故宫”工程的规模和进展，制定相应岗位和匹配人力资源的需求规划，加强对“平安故宫”工程实施所需的人才培训、人才引进、专业进修和科研课题攻关等工作，报请相关主管部门批准；需要继续加强对全体员工和驻院人员的安全教育，对现有安全制度狠抓落实，通过培训、演习、考核、签署安全责任书等多种方式，把安全意识和责任落实到每一个人。

“平安故宫”工程完成后的成效包括如下六个方面。

1. 实现文化遗产完整保护。通过故宫博物院北院区和地库改造等项目以及拆除彩钢房，在改善藏品保管条件的同时，使更多的地面文物库房、办公用房得到腾退、修缮和及时保养，最终实现红墙内无办公区。配套进行基础设施改造，消除火灾、盗窃隐患，在确保故宫安全的同时，使故宫世界文化遗产尽可能地接近历史原貌。

2. 实现环境质量稳步提升。通过启用故宫博物院北院区基地，在实现对故宫大型文物的修复保护和展示，以及故宫特色非物质文

化遗产传承的同时，将院内堆积的建筑材料和花房等设施搬迁，消除安全隐患，净化故宫环境，提升景观质量。

3. 实现安防设施全面覆盖。通过实施消防、安防系统改造，提高故宫安全保卫等级。通过主动追踪、探索最前沿的安全技术和安防理念，变被动为主动，实现对古建筑、文物藏品和观众安全的多种手段、多重保障的全面覆盖。通过配置囊匣、轨道式密集柜、减隔震设施等手段，实现文物藏品的全面抗震防护。

4. 实现开放区域适度扩大。通过有序开展文物建筑修缮工程，适度扩大观众参观面积，同时合理控制参观人数，有效缓解中心区域的参观人流压力。在故宫博物院南部形成以午门城楼及东西雁翅楼、武英殿和文华殿为主体的大型博物馆展览设施群，强化博物馆社会职能。

5. 实现文物库房功能改善。通过对第一、二期地下文物库房进行升级改造，将水冷系统改为风冷系统，实现温度、湿度的调控功能分区，完善文物保护功能。同时，根据实际需要适当增加文物储藏保管功能，逐步减少并最终弃用地面文物库房，整体提升文物藏品保存条件。

6. 实现文物藏品保护修复。在故宫博物院北院区设置各类保护修复室，有计划地实现对上百万件文物藏品的系统保养修复，阻止和延缓各种因素所造成的文物藏品侵蚀，使文物藏品益寿延年；通过非物质文化遗产保护，使传统技艺得以传承。

九、“平安故宫”工程2013年建设工作计划

财政部对于“平安故宫”工程的资金保障给予了积极支持。除原有项目外，财政部对新增的“平安故宫”项目在2013年度安排了

2 亿元的资金，目前已经拨付到位。这为“平安故宫”工程中除基本建设之外的四个有关事业发展的项目的实施，创造了重要条件。

一是故宫博物院北院区建设。

1. 沟通协调相关部门意见，修改建设方案，申报北京市规划委员会，办理项目规划许可。

2. 与北京市政府、海淀区政府等沟通协调，调研项目用地情况，签订用地协议，办理国有土地使用证。

3. 沟通协调相关部门意见，调整规划，申报北京市规划委员会，办理项目规划许可。

4. 完成编制项目建议书的申报，并取得批复。

5. 进行场地可行性勘察。

6. 进行洪水影响评价、环境影响评价、交通评价、抗震安全评价等工作。

7. 编制可行性研究报告并申报，协调相关部门取得批复。

二是地下文物库房改造。

1. 完成拟建场地可行性勘察。

2. 继续走访，征求建筑、结构、暖通、机电等专业专家意见，细化方案，并上报北京市文物局、文化部、发改委、国家人防、消防等相关部门。

3. 完成项目建议书评审、申报，协调相关部门取得批复。

4. 完成可行性研究报告编制、评审、申报，协调相关部门取得批复。

三是基础设施改造。

继续推动故宫博物院南热力站区域管线维修改造工程。

1. 完成配合考古勘探拆除与恢复路面、草坪工程施工及竣工验收，以及监理公司的考察、委托工作。

2. 完成考古勘探工作，并根据考古勘探成果，深化改造方案。

3. 编制可行性研究报告。

四是世界文化遗产监测。

2013 至 2015 年为监测系统建构重点阶段，将基本完成条件成熟项目的基础数据采集、监测平台搭建工作，并开始持续进行数据采集和系统维护。其中，2013 年计划建构故宫客流监测系统、古建筑展室温湿度监测系统（二期）、岗亭和巡更系统、售检票系统、白蚁监测系统、配电监测系统、防雷监测系统、世界文化遗产监测平台（二期）、网络（有线、无线）系统等 9 个监测子项目，陆续进行招标程序。

五是故宫安全防范新系统。

1. 端门地区安全防范工程的改造项目，将在 2013 年 6 月中旬开标。

2. 安检专业化、社会化项目，计划 2013 年 7 月 1 日前投入使用。

3. 运用物联网技术对文物藏品进行全时空防范项目的方案如获通过，2013 年内将对室外文物运用该技术加以保护。

4. 完成应急指挥平台项目的专家论证、项目报批工作，年内将进行该项目的设计招标工作。

5. 进行高压消防泵站及高压管网改造项目的设计招标，争取年内完成项目报批（需公安部批准），明年进行项目实施。

6. 启动视频监控无缝隙覆盖项目（加密工程）的设计招标，年内完成项目的招投标工作，并力争进行项目实施。

7. 继续做好防盗、防破坏、防治安案件、防踩踏等方面的预案。

六是院藏文物防震。

1. 第二期文物防震评估工作以制定故宫博物院整体防震应急预案为目标，首先针对故宫博物院的文物防震应急能力进行评估，并计划于 2014 年 3 月 30 日前提出故宫博物院整体防震应急预案框架。

2.2013 年，故宫博物院将对四个文物库房开展防震试点，即针对宫廷部玺印库、佩饰库，器物部陶瓷一级文物库和西铜器库雕塑类文物，采用囊匣加密集柜形式加以防震保护。现密集柜已进入招标程序，囊匣正在分批制作，并推进模块化囊匣设计研究工作。

3. 在雕塑馆建设过程中，先行进行整个展示场所的文物隔震设计。

七是院藏文物抢救性科技修复保护。

通过人员培训、建立完善管理制度、创新用人机制等方面，重点推动各文物修复工作室的创建，启动各项文物修复工作。

十、与故宫安全有关的重点工作项目情况

2012 年以来开展的与故宫安全有关的重点工作如下。

一是加强观众服务水平，保障故宫文化遗产安全，实现 2012 年全年安全开放。

及时安装启用端门广场的服务设施，有效缓解了售票压力。2012 年暑期，观众基本上都能在 3 ~ 5 分钟内买到门票，不但节省了时间和体力，而且能够怀着很好的心情走进故宫博物院。国庆期间，高峰日增开售票窗口至 34 个，强化了一线值守力量，加强人流疏导，经受住了单日接待 18.2 万观众客流高峰的考验。

同时，在端门广场设立了观众服务中心，提供参观咨询、信息查询、影视观赏、免费轮椅等众多的服务内容，体现出服务质量的不断提升和对待观众的热忱之心。正是由于采取了这些措施，去年暑期观众最多的时候，端门广场上的人流也能够得到有序疏导，过去买票、候票，与安检、验票、存包等交织在一起，黑倒票、黑导游混迹其中，乱成一团的局面不复存在。一年来不断制订并完善接待预案，克服观众流量增大、极端天气等不利因素，圆满完成了暑期、“十一”黄金周等节假日的接待工作。

二是持续开展古建修缮，使古建筑延年益寿。

文物建筑修缮工作正在按计划稳步推进，建福宫维修工程、英华殿区维修工程、大高玄殿乾元阁抢险工程全面完工；慈宁宫花园修缮工程已完成60%，预计2013年完工；乾隆花园符望阁内檐硬木装修保护修复工作已完成80%；皇极殿经过修缮后重新开放；中正殿经过6年的不懈努力，于2012年竣工，复建后的中正殿区域再现了清乾隆时期的建筑全貌。

目前文物建筑修缮管理更为精细化，操作更具研究性，例如倦勤斋的保护修缮工程，赢得了专业部门、专家学者和社会各界的高度评价。同时，加强古代建筑研究和修缮资料整理。编写《故宫古建筑保护工程实录——太和殿、神武门》工程报告，“清代乾隆时期皇宫建筑内檐装修研究”课题按时结题。为传承国家级非物质文化遗产古建官式营造技艺，通过技能测试、笔试等程序，招收了14位新人。至此，已有15人成为第一批古代建筑技艺传承人。

三是进一步调整展览布局，扩大展示空间。

为缓解高峰时期中轴线区域观众过于密集形成的潜在危险，同时为了满足观众不断提升的参观需求，努力探索调整展览布局，进一步扩大故宫博物院的展示空间。

在增加展览设施方面，采取如下四项举措。一是午门和雁翅楼建筑群，争取在2015年故宫博物院建院90周年时正式启用这组2800平方米的大型展览设施。二是东华门修缮工程，将于2013年竣工，计划作为古建筑馆对观众开放，同时考虑能否向观众开放东南角楼和东华门至午门的一段城墙。三是御膳房，目前是家具库房，将来作为古代家具馆对观众开放，可以采取仓储式展示方式，既扩大展览面积，也有利于家具文物藏品的保护。四是宁寿宫将开辟为石鼓馆。

在扩大开放面积方面，一是今年五一前开放了文华殿区域的文渊阁。二是争取故宫西部区域在故宫博物院建院 90 周年时实现开放，对隆宗门内的观众餐厅进行重新安置，使观众的就餐和休息环境得到改善。慈宁宫将作为雕塑馆对观众开放，寿康宫进行原状陈列展示。三是端门城楼将作为数字博物馆场所对外开放。四是大高玄殿文物建筑群修缮后，南部区域作为国内宫廷道教文物展示空间，北部区域作为故宫博物院数字博物馆、数字图书馆、“故宫讲坛”的场地对外开放。

四是编制《故宫保护总体规划》。

2012 年 2 月启动了《故宫保护总体规划》编制工作，确定了各专项规划内容，目前初步完成故宫使用功能规划。故宫博物院配合编制工作收集了东西华门内道路、太医院、内务府等处的相关资料，撰写故宫宫廷原状及使用说明，为编制保护规划提供依据。按照协议 2013 年年底完成《故宫保护总体规划》的报批准备。

五是西河沿文物保护综合业务用房工程。

此项工程是故宫博物院的工作重点之一，对于恢复西河沿区域历史格局与建筑肌理，保证故宫的完整性，实现 2016 年把故宫红墙内的办公机构搬出的目标，使古建筑得到及时的修缮与保护，以及改善故宫博物院文物保护、修复、研究办公条件等具有重要意义。2012 年，西河沿文物保护综合业务用房工程完成了项目可行性研究报告、立项、环境影响评价、项目管理公司招投标等，目前正在进行工程勘察、设计招标等。

故宫博物院文物保护综合业务用房工程启动仪式

2013 年，将完成西河沿文物保护综合业务用房工程的勘察、设计工作，办理规划许可证，进行工程监理、施工总承包、西河沿地段城墙监测工程招标，整治该区域环境，争取年底前开工建设。

故宫博物院相信，随着“平安故宫”一系列重点工程的逐步实施，故宫现存的防火、防盗、防雷、防震、防踩踏等方面的重大安全隐患将得以彻底根除，基本进入安全稳定的健康状态；紫禁城将呈现和谐风貌，体现世界文化遗产的应有尊严；故宫博物院的管理和服务水平也将得到全面提升，迈进世界一流博物馆行列。

开拓博物馆文物藏品资源有效汇集的渠道[①]

（2013 年 9 月）

由于历史的原因，我国博物馆藏品数量与一些国家博物馆藏品数量相比差距较大，对此谢辰生、彭卿云先生认为，“关于馆藏文物的数量，同国外相比，我国现有的藏品简直小巫见大巫。仅有 200 多年建国史的专门收藏世界文物的美国博物馆馆藏品总数量不知要超出我国博物馆藏品多少倍。美国史密森博物馆集团共有藏品 1.3 亿件，美国国家历史博物馆 1700 万件，纽约大都会艺术博物馆 1500 万件。这两个博物馆所藏，分别为我国馆藏品总量的 1 倍半以上。著名的大英博物馆现有藏品 500 万件，为我国最大的博物馆故宫博物院的 5 倍。俄罗斯的冬宫博物馆藏品为 300 万件，圣彼得堡艾米塔什博物馆 270 万艺术精品，堪称世界之最。意大利全国共有馆藏文物品 5000 万件，平均每人 1 件，而我国 12 个人不到 1 件。仅凭这些简单的数字对比，‘中国文物匮乏’‘博物馆贫血’之说绝非戏言，‘文物大国’危机亦可见一斑”。

当前，影响博物馆藏品增长的原因有两方面。一方面，20 世纪 80 年代以来，城市基本建设项目日益增多，在许多抢救性的考古发掘中出土了大量珍贵文物。但是，这一时期考古研究机构基本上与博物馆相分离。受现行文物博物馆体制机制的约束，多数博物馆藏

① 此文发表于《东南文化》第 48 辑，2013 年 9 月。

品来源的考古发掘渠道被截断，由于博物馆并不直接参与考古发掘工作，而且考古发掘的出土文物在一定时期内很难入藏博物馆，大量出土文物保存在相关的考古研究机构内，导致馆藏文物数量增长缓慢，成为制约博物馆藏品充实完善的障碍之一。例如甘肃省博物馆“自从博物馆考古部分离出去以后，考古发掘的文物不能移交博物馆，发掘成果在博物馆的陈列中很少展示，加之博物馆收购文物经费有限，这样博物馆的文物数量由以前的每年增加 2000 多件，到现在的每年只增加 200 多件，且质量还难以保证”[①]。

另一方面，过去社会上的文物市场还没有普遍形成，主动捐献文物给博物馆的情况较多，一些珍贵文物也可以通过合理价格进行征集。近年来社会民众生活水平不断提高，“盛世收藏”得到凸现。然而客观上“收藏热”造成民间收藏与博物馆收藏形成竞争，目前除一些国家和省级博物馆有一定数量的文物征集经费外，其他博物馆几乎没有固定的文物征集经费，因此在这场竞争中博物馆往往处于劣势，对具有收藏价值的社会流散文物，尤其是成系列文物的征集更为困难[②]。 调查表明，2009 年全国 83 座一级博物馆共征集藏品 50718 件，征集最多的吉林省自然博物馆为 10000 件，几乎占了全国一级博物馆征集藏品总数的 1/5。然而征集藏品数量少于 100 件的有 40 座，更有 5 座一级博物馆征集藏品数量为 0 件，大多数一级博物馆的馆藏文物年增加量不会超过其藏品总数的 1%。“作为博物馆的国家队，在文化遗产资源变化迅速的当下，这个数字实在令人汗颜”[③]。

我国博物馆的文物藏品总量与作为历史悠久的“文物大国”的

① 米玉梅：《试谈博物馆搜集工作的几个问题》，载《丝绸之路》，2009（24），90 页。
② 郭继斌：《国有博物馆藏品来源的再思考》，载《中国文物报》，2009-09-16（3）。
③ 中国博物馆协会：《国家一级博物馆运行评估报告》，载《中国文物报》，2011-06-22（3）。

地位严重不符。“造成这个结果的原因很多，其中一个最重要的原因，恐怕就是落后的藏品观念”[1]。长期以来，我国博物馆体系的骨干是省市的地志性博物馆，而这类博物馆的文物藏品特色以历史艺术类居多，文物藏品主要来源于传统收藏和考古发掘出土文物。文物收藏范围的狭窄，深刻地影响着博物馆藏品数量的增加和质量的提升。当代一些博物馆的藏品征集政策过分囿于文物市场的价值观，热衷收藏高审美价值和高经济价值的物品，而忽略了博物馆社会记忆保存的使命。其具体表现为：重视古代的文物，忽视近现代的文物；重视高雅的艺术品，忽视日常的生活用品和民俗物品；重视贵重金属制品，忽视普通材料制作的物品；重视制成品，忽视生产过程中的原材料、工具、半成品与次品；重视反映精英人物生活的物品，忽视反映普通人生活的物品。

这样的收藏偏好，会将文物藏品局限在狭隘的历史时段或狭隘的社会生活方面。也有一些博物馆热衷于通过拍卖收购等方式，征集一些与本地区历史文化无关的“高档次作品”。这类文物藏品虽然具有良好的欣赏价值，但是对于一座城市的博物馆而言，如果它们没有实证城市历史演进的功能，与应讲述的城市故事无关，即使有很大的收藏数量，或具有很高的审美价值，都无法建立起系统、翔实和丰富的历史叙述。目前一些博物馆的文物藏品资源利用率不高，部分文物藏品由于博物馆展示场所有限无法展出，更多的是博物馆对文物藏品研究不足而不能轻易展出。同时，博物馆藏品缺少馆际交流。尽管不少博物馆的文物藏品数以万计，但是真正面世展出的文物藏品数量较少。

埃及国家博物馆有着辉煌的历史，但是在经历了百年沧桑后，

① 郭长虹：《社会发展与博物馆社会服务观念的变革》，见《博物馆观察——博物馆展示宣传与社会服务工作调查研究》，132 页，北京，学苑出版社，2005。

原先设计5000件文物的展出空间不敷使用，使得多数重要的文物藏品只能沉睡在地下室和仓库中。有的文物藏品几乎没有对外展示的机会，甚至博物馆的工作人员，也无缘看到本馆的一些藏品，似乎文物藏品研究只是博物馆少数参与者的事，馆内外针对文物藏品合作研究的项目极少开展。现在很多文物藏品被称为“死亡式的收藏”，也就是说博物馆的管理和经营停滞在收集—入库—优先展出，有没有人参观无所谓。“这样就使博物馆不能被公众充分地使用，也不能处于公众的广泛监督之下”[①]。另一方面，博物馆藏品也存在不合理利用的问题，新年伊始，奥地利联邦审计署对维也纳科技博物馆、维也纳艺术史博物馆、奥地利美景宫国家绘画馆和维也纳阿尔贝蒂纳版画收藏馆开展了审计工作。据奥地利联邦审计署的工作报告称，上述博物馆在联邦博物馆改制至今仍没整理出应属国家财产的藏品清单。针对这些问题，奥地利联邦审计署加强了对这些博物馆的审计[②]。

埃及国家博物馆新址

① 宗禾：《“保险箱”有点不保险》，载《中国文化报》，2010-01-22（2）。
② 王娟：《奥地利加强博物馆审计》，载《中国文化报》，2010-02-23（4）。

对于博物馆的可持续发展而言，文物征集工作是补充博物馆藏品，并使之有序增加的主要途径之一，是博物馆重要工作的职能，也是博物馆发展的动力源泉。但是，对文物进行系统征集、规范整理、深入研究，在大多数博物馆都没有得到普遍的重视。事实上，文物征集是博物馆利用社会和经济手段增加文物藏品的一种方式，是国家保护文物标本、汇集博物馆藏品必不可少的手段。博物馆应不断总结文物征集工作的经验，研究出行之有效的方法、措施和手段，不断扩大博物馆藏品的来源及收藏途径，提高博物馆藏品的数量和质量，为博物馆发展提供更丰富、全面、翔实的文物藏品，使博物馆更好地服务于社会公众。特别是面对当前民间收藏升温和文物走私猖獗的情况，应鼓励有条件的博物馆恢复深入社会各个阶层主动征集文物的优良传统。如此一方面能够以正常价格使较多的文物标本进入博物馆收藏，而且能够更好地宣传国家的文物保护法规和政策。

专题征集收藏是博物馆为了学术研究、陈列展示需要，针对特定内容的文物标本，主动、深入地进行征集，有计划地补充一定主题文物的一种征集方式。例如近年来，在中国妇女儿童博物馆、中国文字博物馆等博物馆的筹建过程中，国家文物行政部门向全国文物系统发出征集相关文物的通知，对征集文物的内容、渠道、方式等均做出详细的规定。随着社会的发展，许多传统习俗正在被现代观念所代替，与传统习俗相关的物品也日趋减少，搜集、挖掘、抢救这些珍贵文物，是博物馆应担负的历史责任①。 例如中国徽州文化博物馆的文物收藏，除有陶瓷、青铜器、玉器、杂项、古籍图书等之外，歙砚、徽墨、徽州三雕、新安书画、徽州文书等各种文物

① 黄琛：《漫谈博物馆宣教服务体系建设》，载《中国文化报》，2008-07-04（6）。

数以万计，成为该馆的特色文物藏品。因此，中国徽州文化博物馆注重这些特色文物藏品的汇集。

20 世纪 90 年代以前，社会各界民众发现出土文物等，主动送交博物馆的情况比较普遍，博物馆里用于征集文物支出的经费都是具有奖励性质的；90 年代以来，随着社会经济的快速发展，人们的经济收入迅速增长，“收藏热”日益高涨，各地艺术品市场蓬勃兴起，社会民众送交文物数量急剧减少，加上博物馆经费投入明显不足，博物馆征集文物数量较少。近年来，博物馆加大了经费投入，征集人员主动寻找重要文物线索，所征集的文物藏品不但数量多，珍贵文物藏品的比例也明显上升。陕西历史博物馆自从落成开放之际，就在保管部下设立文物征集科，负责对社会流散文物进行征集，同时对征集来的文物进行分类、登记，制作藏品档案。2005 年机构改革，陕西历史博物馆又专门成立了文物征集处。现有约 37 万件文物藏品的陕西历史博物馆，20 年来通过征集方式增加了 1.2 万多件文物藏品①。

博物馆的藏品征集是一项专业性、科学性、社会性很强的工作，应该根据博物馆的使命和环境条件等，形成具有特色的、远见的、系统的、科学的、持续的文物藏品征集战略，形成切实可行的文物藏品资源整合思路和做法，制定适合博物馆性质、特点和实际情况的阶段性和长远性的征集目标，并从制度、经费和社会环境等方面入手予以系统解决。博物馆通过文物藏品清理，掌握馆藏文物空白和业务需要，针对馆藏文物构成中的缺项和薄弱环节，根据博物馆自身定位，重点突出收集文物藏品的范围，并且还要进行充分的公众调查，以了解社会需求，根据社会需要有针对性地征集文物，

① 杨彦：《寻觅散落世间的记忆》，载《人民日报》，2011-08-23（12）。

所征集的文物，既要具有一定历史价值、科学价值和艺术价值，还要反映具有典型性、代表性的地域文化特色。

文物资料浩如烟海，但是并不是所有的实物都能成为博物馆的藏品。每一座博物馆都应该科学地界定文物藏品的征集方向，制定适合本馆性质、特点和实际情况的征集目标，形成独具特色的文物藏品核心序列，建构具有代表性、典型性的文物藏品体系，从而提升博物馆文物藏品的整体质量。不加选择地征集文物藏品，是任何一座博物馆的财力人力都难以承受的。因此，任何博物馆的文物藏品征集都应掌握适当限度，不能仅以数量取胜，避免收藏数量过多、收藏范围过宽的情况发生，否则不仅有悖于博物馆的性质和任务，而且造成与其他博物馆之间不必要的竞争以及文物资源的浪费。不征集和收藏与本博物馆性质和任务无关的文物藏品和资料，不与其他更加需要文物藏品的博物馆竞争，是每一座博物馆均应遵守的职业道德①。

文物包含和承载着各种社会历史文化信息，诸如历史背景、流传经过等都蕴含其中，征集人员应全面了解所征集的文物，认真做好原始记录，例如文字笔录、摄影、摄像、录音等，并且确保记录的真实、可靠、完整、准确。在开展文物征集活动时，征集人员要按照博物馆拟订的文物征集计划和方案，有目标、有针对性地进行文物调查。博物馆无论通过何种方法方式征集文物，为了确保文物入藏质量，运用经费得当，均须符合文物征集相关的各项规章，做到文物征集手续完备，征集的文物没有权属纠纷，价格没有异议。所征集文物应经核实后，登记进入博物馆文物征集账册。文物的征集从信息的收集、真伪的鉴定、价值的评估、最终的征集、入藏后

① 安莉：《谈博物馆近现代文物收藏原则和标准》，载《中国博物馆》，2006（2），38页。

的建档都应有章可循，有序实施。只有严格按照文物征集程序，才能防止和杜绝在文物征集过程中可能发生的漏洞。

文物藏品是博物馆存在与发展的前提和基础，文物藏品的特质和品质，以及是否具有一定的体系，决定着博物馆的发展方向与自身特色。法国博物馆十分注重谋求整体发展布局的系统性与多样性，发挥优势，挖掘潜力，合理有效利用文物藏品资源，使每座博物馆均呈现出不同的风貌。巴黎是享誉世界的浪漫之都，也是名副其实的博物馆之城，各类博物馆犹如珍珠般散落于巴黎的大街小巷。一座座或大或小，或综合或专题的博物馆精彩独特，令人流连忘返。纵观巴黎的博物馆群，令人们感受深刻的还有博物馆的合理布局，每座博物馆均有明确的藏品收藏范围。正是由于定位清晰，征集方向明确，博物馆不仅能够集中有限的资金收藏最适合本馆发展所需要的文物藏品，而且可以集中人力、物力、财力做好文物藏品的保护与研究工作，据此组织特色鲜明的永久性陈列展览和丰富多彩的临时性陈列展览。经过不断发展与调整，经过长期积累与充实，众多的巴黎乃至法国的博物馆更具魅力。

如今，经过几次对博物馆藏品或分离或合并的有效整合，在巴黎全市几乎没有内容重复的博物馆。例如在20世纪60年代末期，多数巴黎人提出卢浮宫艺术博物馆的展览应以古典艺术作品为主，蓬皮杜艺术中心的收藏应以现代作品为主，但是众多法国19世纪的油画、雕刻却没有一个专门的收藏、展示场所，因此向政府建议建立一座专门展示19世纪艺术品的美术馆。1971年，奥塞博物馆成立，文物藏品的一部分自卢浮宫艺术博物馆转来，印象派作品则由印象主义博物馆捐赠。1974年，印象主义博物馆又将部分旧藏转到奥塞博物馆。这样奥塞博物馆的收藏范围从1848年巴黎二月革命起到 1914 年第一次世界大战前止，包括绘画、雕塑、海报、服饰配件在内的多种美术品，足以展现 19 世纪法国艺术的发展轨迹及成就。再如于2006年6月落成的巴黎盖布朗利博物馆，将巴黎人类博物馆、非洲和大洋洲博物馆两个馆的藏品整合在一起，成为主要展示亚洲、非洲、美洲、大洋洲有关人类生产、生活、宗教、艺术等方面用品的博物馆[①]。

关于“卢浮宫收藏《八骏图》”的争议曾引起关注。2006年9月，一位青年画家准备在北京举办画展，背景材料介绍其作品《八骏图》2005 年 8 月被卢浮宫艺术博物馆收藏。但是，就在画展开幕的前一天，卢浮宫艺术博物馆发表公告，声称该画在任何时候都不会被该馆收藏，卢浮宫艺术博物馆从未将该画作提交收藏委员会进行讨论。“鉴于作品永远不可能在卢浮宫展出，如果想收回作品的话，画作者对该画仍具有处置权，卢浮宫已做好归还此画的准备。”原来，该青年画家持自己的画作来到卢浮宫艺术博物馆，表示要捐给博物馆收藏。接待他的博物馆有关部门负责人告知卢浮宫艺术博物馆不收藏亚洲艺术品时，画作者提出要把画作送给馆长。该部门负责人在代收画作并出具收条时，严肃指出画作“在任何情况下都不能被视作卢浮宫的收藏品”。但是，此后 10 多家媒体未经核实，就发布了“卢浮宫收藏《八骏图》”的消息，直到画作者办画展，仍把这个消息当作事实进行宣传的时候，卢浮宫艺术博物馆不得不正式发表公告，予以澄清[②]。

联合国教科文组织《关于保护可移动文化财产的建议》指出，“可以在采取一切应有预防措施的情况下向负责对付盗窃、非法贸易

① 隋立新：《法国文化遗产保护与利用的理念与实践》，见《中国国际友谊　第七卷》，134 页，北京，文物出版社，2010。
② 马自树：《文博余话》，北京，紫禁城出版社，2011。

及赝品流通的国家和国际机构提供必要的情报”。并指出“视情鼓励利用当代技术提供的谨慎方法对文化财产进行标准化鉴定”。在我国，自古以来就有仿古工艺，宋代更有了成规模的仿制，到民国时期达到高潮，但是从来没有像今天这样普遍。虽然仿古工艺品有其存在的合理性和价值，例如：对于博物馆无法收藏的珍贵文物进行仿造展示，可以起到普及知识的作用；可以避免一些传统工艺技术的失传；可以满足部分喜爱文物又没有经济能力购买文物的普通民众的需求。但是，制作仿古工艺品，如果是为了冒充文物，充当赝品，就没有任何文化意义，而是牟取商业暴利的造假行为。对此博物馆必须要保持警惕，防止赝品进入收藏序列。

1994 年夏天，北京潘家园旧货市场出现一批陶俑，经专家初步鉴定为距今 1500 多年前的北魏时期珍贵文物，对于研究古代先民审美情趣和习俗变迁具有重要价值。为了不让这些珍贵文物损毁散失，专家们建议申请专项拨款及时收购。于是，短短几个月内，博物馆从潘家园旧货市场和各种渠道收购了数百件“北魏陶俑”。“一家博物馆买了三次，花了 80 万元，另一家博物馆买了两次，花了大概 10 万元”[①]。但是，当专家重新对这些陶俑进行集体鉴定时，鉴定意见出现了分歧。后经文物部门与警方配合，对此事进行调查。调查结果令人大跌眼镜，原来这些所谓“北魏陶俑”，其实是河南孟津县农民制作的仿古工艺品。因此，博物馆必须保持文物藏品的真实性，既要尽可能地征集保护不断出现的文物珍品，又不能让赝品混入博物馆库房，以保持文物藏品的纯洁性。

2006 年 2 月，丹麦警方在哥本哈根的一栋私人住所查获一批疑似出土的中国古代文物。丹麦警方随后向我国通报了相关情况，并

① 李婧：《博物馆也有“瞌睡”时》，载《文化月刊·遗产》，2010（11），19 页。

请求协助查明这批文物是否为中国的被盗文物，以及被盗的时间、地点等情况，以便对持有者审判定罪。为了鉴定这批文物，我国专家专程赴哥本哈根，最终认定这批文物共计 156 件，包括我国新石器至元、明不同时代墓葬的随葬品，其中 1/3 以上属于珍贵文物。从文物的特征判断其主要来源于陕西关中或山西晋南两个地区，也有部分文物可能出土于河南和四川等地。其中陶牛尊、陶象尊两件陶质文物上有楷书“寄寄老人”的文字，为查找具体的被盗地点提供了难得的线索。于是专家赴陕西、山西核查 2000 年以来博物馆藏品的被盗案件，并对博物馆等收藏机构的同类文物进行考察。在西安博物馆调查时，发现该馆收藏的 4 件元代陶器也有“寄寄老人”陶文，与丹麦警方查获的陶牛尊、陶象尊上的陶文一致，这一发现证实了这批文物的确切来源，使这批文物得以顺利从丹麦追回①。

当前，越来越多的博物馆基于多角度的深入研究，经过不断探索、实践和创新，从实际出发，开拓文物藏品科学保护和有效汇集的渠道。为了加强青岛市文物藏品管理，提升文物管理水平和能力建设，由青岛市文物局组织邀请的国家文物鉴定委员会专家组，于 2011 年 7 月对青岛市博物馆、中国海军博物馆、青岛啤酒博物馆等 14 家文物博物馆场馆共七大类近 1000 件文物进行评审、鉴定和定级工作。青岛市共定级珍贵文物 483 件，其中一级藏品 44 件。中国海军博物馆 101 号驱逐舰、245 号鱼雷快艇、轰侦 5 型 82025 号等 17 件军事文物被定为一级文物。青岛啤酒博物馆的糖化锅、发酵桶、德国啤酒厂厂房图纸等 6 件工业遗产类藏品被定为一级文物②。

经过主管部门的批准，文物收藏单位之间通过调拨、交换、借

① 宋新潮：《“寄寄老人”考》，载《文物》，2011（10），77 页。
② 毛公强：《青岛：近千件文物重新定级》，载《中国文化报》，2011-07-26（2）。

用等方式调剂藏品，并适当给予提供方合理的补偿，补偿费用完全用于保护工作，这在实践中被证明是一个比较可行的办法，对有效改善馆际交流、促进文物的合理利用和改善文物收藏条件，具有一定的积极作用。青岛市文物商店在市场经济环境下，本着对历史负责、对文物负责的责任感和使命感，为青岛市博物馆保留了一批具有较高价值的珍贵文物，实现了文物保护成果为全民共享。2011 年 8 月，322 件珍贵文物从青岛市文物商店出库，成为青岛市博物馆的永久收藏。其中，202 件文物为国家三级以上文物，包括 5 件一级文物和 42 件二级文物。这些文物绝大多数于 20 世纪 60—70 年代进入文物商店库房，由于其价值珍贵，青岛市文物商店始终没有投入市场进行流通。此次是近 20 年来青岛市文物商店藏品首次成批移交青岛市博物馆。①

接受捐赠文物是增加博物馆藏品的一个重要途径之一。应积极倡导社会团体或个人提供各种文物征集线索信息和文物捐赠渠道，鼓励社会团体或个人向博物馆捐赠、送售或捐售文物。博物馆应根据其文物价值，予以合理的经济补偿，而对于向博物馆捐赠文物的社会团体或个人，予以表彰奖励，并颁发“捐赠文物荣誉证书”，在媒体上予以宣传报道，还要建立专门的文物捐赠档案，总结征集文物的成果，并举办专题展览。这些既是对社会的回报，也是对捐赠者的感谢和尊重。例如：2010 年 5 月首都博物馆举办的“收获 · 十年——首都博物馆征集、接受捐赠文物展”，展出的是从该馆 10 年来征集、接受捐赠的 3 万件（套）文物藏品中精心挑选出的 150 多件（套）典型文物，是对 10 年来首都博物馆所征集、接受捐赠文物藏品的回顾展，对于展出的捐赠文物，明确标出了捐赠单位、团体的名称或捐赠人的姓名等信息，以示纪念和敬意。

① 毛公强：《青岛：文物商店珍宝安家博物馆》，载《中国文化报》，2011-08-18（2）。

郭炎先生捐赠文物仪式

张永珍博士捐赠文物

每个博物馆都有责任了解和掌握社会文物收藏的情况，积极主动地开展文物征集宣传，扩大文物征集的影响。应鼓励主动捐赠文物，对于文物捐献者给予精神和物质奖励，充分利用多种媒体广泛宣传，形成全社会积极参与文物保护的良好氛围。对捐赠文物数量多和价值重要者，设立专门展览，甚至设立专门博物馆进行宣传。例如：包玉刚长女包陪庆得知家乡要建设宁波帮博物馆的消息后，以最快的速度收集了一批父亲生前物品进行捐赠。她在捐赠仪式上表示："我这样做的目的就是希望有更多的宁波后人可以和先辈一样，将宁波帮勤俭、建业、持恒的精神发扬光大，努力创业，诚实守信，爱国爱乡。"这些捐赠物品中有包玉刚生前使用的书桌、座椅、床等，最引人注目的是一个仪舵器，它见证了一段风起云涌的历史。通过2年多的努力，宁波帮博物馆在中国香港、台湾以及美国、日本等宁波籍人士的热心支援下征集到了大量珍贵史料实物[①]。

老舍故居位于北京市丰富胡同19号，1950年老舍先生在经历了山东岁月和美国风雨后，应周恩来总理之邀回国并购买了这处房产，在这里度过了生命中的最后16年，《龙须沟》《茶馆》等24部著作都在此完成。1954年春天，老舍先生在这个小院中亲手栽下了两颗柿树，每年秋天树上坠满沉甸甸的柿子。小院是典型的北京二进三合院风格，大门坐西朝东，被称为"丹柿小院"。进入20世纪90年代，几乎天天都有人怀着敬仰和虔诚的心情到小院访问。1997年胡絜青女士和老舍子女将"丹柿小院"房产捐献给了国家，促成了1999年老舍纪念馆的正式开放。至2010年，老舍子女先后捐赠老舍先生的藏书和印章、书信、衣服、日用品，老舍先生和胡絜青女士部分藏画，老舍作品中外各种版本，以及硬木家具等，使老舍

① 李宏、鲍蔓华：《海外游子故乡的家》，载《人民政协报》，2009-10-22（A3）。

纪念馆的藏品达到1903件套[①]。

近年来，伴随我国的综合实力与日俱增，许多流失海外的珍贵文物陆续回归。从2002年开始，国家财政第一次设立了“国家重点珍贵文物征集专项经费”，对于流失海外或民间的珍贵文物进行重点征集。例如2002年以2999万元购回散佚日本多年的北宋米芾的行书《研山铭》，并在故宫博物院存放保护，这是国家设立重点珍贵文物征集专项经费后收购的第一件文物珍品。2003年故宫博物院以2200万元购回散佚民间的故宫旧藏《隋人书出师颂卷》。2003年引起海内外广泛关注的书法国宝《淳化阁帖》最善本四卷被上海博物馆以450万美元从美国收藏家手中购回。上海博物馆一直致力于海外珍贵文物的抢救回流，特别是在青铜器、竹简、明代家具等方面令人瞩目。

21世纪，科学技术突飞猛进地发展，应成为提供博物馆藏品最为丰富的世纪。伴随水下文化遗产保护和考古发掘工作的展开，珍贵的水下文物不断呈现。例如明万历年间，一艘满载着瓷器的商船，沿古代海上丝绸之路航线至南澳岛附近海域时突遇风暴，沉没于27米深的海底。2007年5月，这艘沉睡了460余年的明代古沉船得以发现，成为古代海上丝绸之路上又一实物例证。其中船载文物主要为明代粤东或者闽南及江西一带民窑产青花瓷，数量在万件以上，是一座罕见的海底宝库。此后，水下考古队员详尽掌握了“南澳Ⅰ号”沉船附近海底地貌的平面和剖面。2009年10月，“南澳Ⅰ号”明代古沉船打捞工作正式拉开帷幕，按照水下考古作业流程，逐层进行考古清理、测绘、摄影和文物提取工作[②]。

① 冯朝晖：《奉献与守望》，载《中国文物报》，2011-08-05（3）。
② 李刚：《海底宝藏460年后被唤醒》，载《人民日报》，2009-10-23（6）。

文物藏品的完善是一个动态的过程。由于科学技术转化为生产力的周期不断缩短，现代物品的消失极为迅速，出现了时代越近、物品的淘汰率越高、文物的幸存率越低的现象，这就增加了现代物品收藏的紧迫性。目前，越来越多的博物馆将文物保护的目光伸向可持续发展的未来。与欧洲博物馆大多拥有丰富的历史积累不同，美国有很多成立时间不长的大型博物馆，虽然资金充足，但是文物藏品缺乏，主要途径就是通过市场化的大量购买，通过古董商和拍卖行的渠道增加收藏。早在 20 世纪 50 年代末，当现代派绘画遭冷落的时期，古根海姆精心收藏现代派绘画作品，并为这些作品找到了归宿。这些往事折射出古根海姆博物馆是为了明天的艺术而努力，为了艺术的创新而发展。如今纽约古根海姆博物馆，已不仅仅是狭义的现代艺术博物馆，更成为国际文化交流中心和艺术教育机构，而它所秉持的鼓励创造性艺术的理念，却始终没有改变。

韩国首尔历史博物馆设立于 2002 年，作为一座年轻的博物馆，确立了有别于综合博物馆的城市博物馆的定位，集中展示首尔的历史和城市发展史，并从 2009 年开始实施“博物馆再诞生”计划，一是不仅关注文物本身，更关注文物的生产、流通和利用的空间、社会和文化脉络；二是关注生活的所有过程和环节，不仅是文化艺术，而且生活、消费和流通的所有环节都是关注对象；三是不仅关注稀有性和卓越性，作为生活的证据，其真实性成为判断尺度。不仅是较遥远的过去，而且不久前的过去也都成为尊重的对象，为后代记录和保存现在，也是重要目标。另外，所关注对象也不仅是特别的、别出心裁的东西，而且是日常的、与社会民众的日常生活息息相关的一切，使生活史也成为博物馆所关注的对象。因此，首尔历史博物馆收集文物藏品的范围和对象不断扩大，积极收集近现代资料，提出“现在就是历史的现场”的宗旨和“未来文物”的概念，收集刚刚过去的近一段时期的遗留物和现在产生的各种资料[①]。

博物馆的收藏不应仅仅包括“奇珍异宝”，一些物品虽然貌似平凡，从文物市场的价值观念看并不昂贵，但是却能够很好地说明城市的历史文化特点，具有见证历史的独特作用，承载不可或缺的珍贵记忆。这些物品也应该被列入博物馆收藏范围。近 10 年来，北京发生了很多轰动全国的事情。奥运会申办成功、“非典”肆虐京城、奥运会的成功举办、国庆 60 周年民众游行……首都博物馆随时关注这些众所瞩目的历史事件，及时开展了这些事件的文物征集工作[②]。 同时，在工业遗产调查中，首都博物馆重点调查了京西门头沟煤矿（1883—2000 年）、清河毛纺厂和制呢厂（1905—2006 年）、石景山钢铁厂（1919—2010 年）、北京火柴厂（1905—2006 年）、北京焦化厂（1951—2006 年）。目前已经收集了 20 世纪初清政府从国外引进的工业设备、詹天佑主持修建京张铁路的铁轨等工业文物数以百计。

今天的人们不仅对帝王或贵族生活好奇，而且更希望了解社会生活的全貌，了解普通民众的喜怒哀乐。2008 年春节期间，首都博物馆联合媒体，面向北京市民征集北京的“城市记忆”物件，从家具、生活用品、书籍、服装，到照片、录像、录音、绘画、手稿、日记、论文等实物。经过海选胜出的市民家庭，将有机会带着这些实物和故事，走进首都博物馆的展览大厅，展示自己家庭生活的变迁，以及与生活的这座城市息息相关的情结。这样的征集活动具有更广泛的参与性和娱乐性。索鹏一家就是首都博物馆的热心观众，

① 康泓彬：《首尔历史博物馆的“再诞生计划”》，载《中国文物报》，2010-09-22（6）。
② 刘金丽、任晓宁：《十年收获不寻常》，载《人民日报·海外版》，2010-06-25（15）。

“索家在北京居住了16代，共360多年历史，积累了很多的文物”。“我们的老宅在两广大街，当时拆迁时看到很多东西瞬间化为尘土，很心疼，总觉得应该留下些什么。左思右想，我们选择将这扇有代表性的院门留存下来，并毫不犹豫地捐给首都博物馆”[①]。

林徽因教授曾说，“我们今天所叫作‘生活’的，过后它便是‘历史’”。过去，在很长的历史时期，博物馆主要是收藏古物，与人们现实生活联系不大。而如今博物馆类型和收藏内容都已发生了重大变化，人们不仅要“为今天而收藏昨天”，而且更多地关注人类的“今天”，“为明天收藏今天”。通过建立一系列反映近现代历史的博物馆，可以拉近博物馆与民众的时空距离，增强亲和力。例如河南省文物局发布了《关于开展当代文物征集工作的通知》，决定在全省范围内开展当代文物藏品征集工作。首都博物馆的立足点是充分展示北京的地域文化特色，注重收集1840年以来北京城市发展方方面面的实物资料，这也是在为未来保存历史。当夏利出租车出现在北京市场时，首都博物馆收藏了一辆全国劳模于凯驾驶过的夏利出租车，目前已经先后收藏了骡车、人力车，以及“黄面的”，这些藏品勾勒出一幅北京城市交通发展的立体图景，也使普通市民参与到博物馆的收藏工作中来。

① 司晋丽：《博物馆：生活可以更深沉》，载《人民政协报》，2010-05-21（C1）。

博物馆文物藏品安全面临的挑战与应对[①]

（2013 年 10 月）

张謇先生在南通博物苑营建之初，就将自己的意愿刻在博物苑东馆前的石坊横额上，“愿来观者，各发大心，保存公益若私家物，无损无阙”。南通博物苑是公共文化机构，为使博物苑内财物不受损坏，他希望前来参观者能自觉地爱护公物。张謇先生还为南通博物苑拟定了《博物苑观览简章》，规范观众的行为，言明参观者必须履行的程序，对参观者的要求和参观者应注意的事项，以及违章后的处罚办法。倡导树立文明之风，培养社会公德，使南通博物苑得到有效保护[②]。对于博物馆藏品保护而言，最关键的是加强基础工作。基础工作不完善或者长期存在漏洞，是文物藏品安全的重要隐患，其危害在发生突如其来的灾害时尤其突出。加强基础防范工作，首先要在对文物藏品实施各项基础性保护措施时，将灾害防范作为一项重要内容加以考虑。在文物藏品管理过程中应时时树立防灾意识，处处采取防灾措施，做到有备无患。

在国际领域，为加强博物馆藏品保护，制定了一系列国际公约和建议，例如 1954 年的《武装冲突情况下保护文化财产公约》，1956 年的《关于适用于考古发掘的国际原则的建议》，1964 年的

① 此文发表于《贵州文化遗产》2013 年第 4 期，第 2 页。
② 凌振荣：《张謇博物馆思想的特点》，载《博物馆研究》，2010（3），3 页。

《关于禁止和防止非法进出口文化财产和非法转让其所有权的方法的建议》，1976年的《关于文化财产国际交流的建议》。1978年10月，联合国教科文组织大会第20届会议在巴黎举行，会议“注意到对于文化财产的兴趣正在世界范围内表现为众多博物馆及类似机构的创建、展览数目日益增多、旅游者持续不断地日益涌向收藏品、纪念物和考古遗址以及文化交流的加强”，“考虑到公众要求了解、欣赏任何源地文化遗产财富的日益增长的愿望，却加剧了文化财产由于特别易于接触或保护不当、运输中的风险及在一些国家重新兴起的私自发掘、盗窃、非法贩运及野蛮破坏行为所正经受的各种风险”。会议通过了《关于保护可移动文化财产的建议》。建议强调“各成员国应按照其立法和宪法制度采取一切必要步骤，以有效地保护可移动文化财产”。

在我国，由于博物馆管理疏失而导致文物藏品丢失的案例屡见不鲜。例如2001年江苏盐城市博物馆在迁址后统计遗失了91件文物藏品；2002年甘肃古浪县博物馆临时文物库房房顶瓦片被犯罪分子揭开，存放文物的6只大木箱的锁被撬，其中的79件文物和资料品全部被盗，博物馆藏品精华被洗劫一空；2004年山西大同市博物馆的文物仓库4次被盗，丢失钱币6500枚，以及法帖、经书、料珠、骨饰等其他文物96件，而作案者竟是几名初中生[①]。2008年仅在甘肃省就有15件馆藏文物失窃，包括一级文物2件。其中2008年8月，敦煌博物馆展出的国家一级文物——魏晋时期的铜镜，在展览过程中被盗[②]。

① 《流失受损的文物档案》，载《中国文化报》，2010-01-22（2）。
② 宗禾：《“保险箱”有点不保险》，载《中国文化报》，2010-01-22（2）。

故宫博物院安全防范系统

文物的安全保护在很大程度上取决于管理人员的责任心。由于管理人员的安全意识淡薄，致使馆藏文物损毁的事件时有发生，使馆藏文物的安全在很大程度上无法得到保障。同时，在博物馆的文物藏品管理中，监守自盗问题也不容忽视。2001 年新疆维吾尔自治区博物馆 27 件馆藏文物失踪一案告破，竟然是由该馆考古部原副主任黄小江做内应，以“借”为名，倒卖给文物贩子[①]。 2002 年 10 月，香港佳士得拍卖行在秋季拍卖会上推出“皇家信仰——乾隆朝之佛教宝物”专场拍卖。国内一位文物专家在参观中发现两件标有故宫文物藏品标签的文物。经查这两件文物已在 20 世纪 70 年代调拨承德市文物局外八庙管理处。调查得知这些文物是被外八庙管理处文物保管部主任李海涛利用职务之便监守自盗。李海涛在任职期间，先后盗窃馆藏文物 30 件，涉案文物达 100 多件[②]。

① 《流失受损的文物档案》，载《中国文化报》，2010-01-22（2）。
② 宗禾：《“保险箱”有点不保险》，载《中国文化报》，2010-01-22（2）。

20世纪90年代以来，博物馆安全案件呈现反弹趋势。例如从1994至2002年，全国曾连续发生7起暴力抢劫博物馆案件，累计造成博物馆工作人员3人死亡，近10人受伤，41件馆藏文物被抢。1995年7月6日，犯罪分子窜入福建某县博物馆盗窃文物，该馆副馆长廖国华与歹徒顽强搏斗，壮烈牺牲，所幸馆藏文物无一受损。1996年8月8日，犯罪分子潜入甘肃省某县博物馆，将值班人员击昏后捆绑塞嘴，致使值班人员窒息死亡。罪犯盗抢15件文物后逃离，其中三级文物13件，一般文物2件。2002年7月21日，一伙歹徒以观众身份进入新疆某博物馆，打伤值班人员，抢走8件文物，值班人员经抢救无效死亡。2011年1月28日，3名犯罪分子闯入湖北省某市博物馆内，持刀将值班员砍伤，抢走战国时期的青铜器3件，其中二级文物1件，三级文物2件，引起社会各界广泛关注。

盗窃或丢失是我国大部分博物馆面临的最大、最普遍的风险。2011年，故宫博物院发生的斋宫展品被盗案成为社会舆论热点。2011年5月8日晚斋宫临时展览展品被盗，虽然在案发后58小时内被公安机关侦破，罪犯也已经抓获归案，被盗的9件展品追回了其中6件。但是，罪犯在故宫内盗窃展品，且成功逃脱，暴露了故宫博物院安全保卫工作存在的问题和薄弱环节。针对这次盗案的发生，故宫博物院认为在4个关键环节出了问题。一是闭馆时拉网式清场有疏漏。二是当监控系统报故障时，中央控制室值班人员误以为是天气原因所造成，未能及时处理。三是发现可疑人踪迹后，未能做出可能与重大作案有关的预判，措施力度不够。四是过于相信紫禁城城墙的阻隔作用，未能及时对城墙布置防控，痛失抓获的最后机会。社会公众认为，中华人民共和国成立以来故宫已发生过多起失窃案件，反映出故宫安全保卫工作存在很大漏洞，应认真迅速地在故宫开展隐患排查工作。

在巨大的经济利益驱动下，一些不法之徒往往把犯罪之手伸向博物馆的珍贵文物，使馆藏文物被盗案件居高不下。公安部张新枫副部长指出，当前中国古代艺术品在国际国内市场上价格持续走高，国内文物“收藏热”“投资热”不断升温；2011 年 5 月 1 日正式实施的《刑法》修正案，取消了对盗掘古墓葬犯罪死刑的规定，在这些因素的影响下，可以预见，盗掘古墓葬，盗窃、走私文物的违法犯罪活动将会更加猖獗。张新枫透露，当前，我国文物犯罪的突出情况主要表现为：文物犯罪大要案件时有发生，文物安全不容乐观，文物犯罪团伙职业化、集团化特征日趋明显，销赃渠道隐蔽；文物犯罪作案手段日益智能化、专业化和现代化；地下文物交易活跃，交易行为十分隐蔽①。 同时，无论是旧址博物馆还是新建博物馆，都面临着火灾风险的巨大威胁，并且火灾一旦发生，顷刻之间可以使历史化为乌有，所造成的损失难以弥补。

针对博物馆藏品保护管理法规建设滞后，文物藏品保护管理技术标准亟待建立和完善的状况，进入新世纪以来，国家文物行政部门制定并发布了一系列管理规定，例如 2000 年的《关于加强陈列展览文物安全的通知》，2001 年的《出国（境）文物展览展品运输规定》，2002 年的《文物出国（境）展览管理规定》，2005 年的《关于加强和改进馆藏文物保护管理工作的意见》，2006 年的《关于加强和改进博物馆工作的意见》等。同时制定了针对博物馆藏品保护的一系列专业标准和规范，例如 2001 年的《文物藏品定级标准》《文物拍摄管理暂行办法》，2002 年的《文物系统博物馆风险等级和安

① 金明大：《文物安全形势严峻》，载《瞭望东方周刊》，2011 年 5 月 19 日，34 页。

全防护级别的规定》, 2003 年的《近现代文物征集参考范围》和《近现代一级文物藏品定级标准(试行)》等，这一系列部门规章和管理标准的颁布实施，有力促进了博物馆建设的专业化、规范化和科学化进程。

由于博物馆管理对象的特殊性和服务形式上的对外开放性，所以博物馆比一般的文化机构面临更大的风险，因此，比其他文化机构更需要加强风险管理意识。博物馆收藏有珍贵的文物藏品，每日迎接众多的参观者，造成博物馆的安全保卫工作内容异常繁杂。从博物馆管理对象的特殊性角度看，博物馆的保管对象和对外服务的物质基础主要是文物藏品，但是文物藏品一般具有历史性、唯一性和不可再生性等特征，所以保证社会公众委托管理的文物藏品的安全是博物馆的首要任务。博物馆应运用人工安防力量、实体防范、科技手段等，对博物馆的外部环境和建筑物的安全加以防卫，对馆藏文物和各类设施加以防护，并在馆舍改扩建和维修过程中，将完善监控中心功能，采用更先进的安防设备、消防设施列为工程的重中之重。

《中华人民共和国文物保护法》明确规定:“文物收藏单位的法定代表人对馆藏文物的安全负责”，“博物馆、图书馆和其他收藏文物的单位应当按照国家有关规定配备防火、防盗、防自然损坏的设施，确保馆藏文物的安全”。此外,《博物馆安全保卫工作规定》《国家文物局突发事件应急管理办法》《文物系统博物馆安全防范工程设计规范》等规章、规范，对博物馆安全管理做出了一系列具体规定。在我国，拥有 1 万件以下文物藏品的博物馆为三级风险单位；拥有 1 万件以上和 5 万件以下文物藏品的博物馆为二级风险单位；而国家级或省级博物馆为一级风险单位。

对于一级风险单位应按照整体纵深防护体系的要求，建立技术防范系统，建立专业保卫队伍，在防护区或禁区内设立报警监控中心，中心控制室应配备自卫器具、通信工具。同时，文物藏品、展品所处房屋、厅、室的门窗均应设置报警装置，位于一层的窗户还应有实体防护栅栏或安装防弹玻璃。作为一级珍贵文物的字画、丝织品等文物藏品，在展示时均应有防弹玻璃制作的专用框架或装有报警装置的展柜对其进行防护。为保障馆藏文物的安全，国家规定凡没有安装报警设施的单位，不得展出文物；没有达标的单位，不得展出三级以上珍贵文物，文物库房不得存放三级以上珍贵文物；不具备安全保管条件单位的三级以上珍贵文物，由各省、自治区、直辖市文物主管部门指定安全达标的单位代为保管。国家文物部门要求对于达不到《文物系统博物馆风险等级和安全防护级别的规定》的博物馆，在达标前一律不得对外开放；对于长期不配备安全防范设施的文物收藏单位，县级以上文物行政部门要依法实施行政处罚。

历次文物安全事件的教训表明，麻痹大意和疏忽松懈是文物安全的最大隐患。自从博物馆在世界各地普遍建立以来，文物藏品盗窃案就一直没有停止过，即使一些世界级博物馆，也不断发生文物藏品的失窃事件。早在 1911 年 8 月 21 日，就从卢浮宫艺术博物馆里传出一个震惊世界的消息，著名绘画《蒙娜丽莎》被盗。2 年之后，当这幅名画幸运地失而复得时，人们发现偷盗者不过是一个普通的油漆匠，他将画作简单地藏在衣服里就逃过了所有的安全防卫设施和保卫人员的眼睛。如今《蒙娜丽莎》被放在一个有特殊装置的容器里，上面覆盖着两块彼此相隔 25 厘米的防弹玻璃，但是谁也不敢保证这样就可以高枕无忧。

近年来，在巨大的经济利益驱动下，一些觊觎文物的不法之徒铤而走险，将犯罪之手伸向珍贵的博物馆藏品。例如英国大英博物馆 2004 年连续两次发生中国文物失窃案件。在对公众开放的时段内，15 件中国珠宝首饰艺术珍品不翼而飞。警方怀疑这两次盗窃可能受到某位私人收藏家的指使，但是事隔 6 年，此案仍在调查中。大英博物馆馆舍面积庞大、文物展品众多，但是安全保卫人员的数量有限，每个展室内也只能安排 1 ~ 2 名工作人员，负责回答参观者的问题，于是盗贼便有机可乘。大英博物馆的发言人说："展厅内有灵敏度很高的报警系统，在盗贼撬开锁的时候，本应立刻报警，但是不知什么原因，报警器并没有响。"

英国大英博物馆文保科技部门

埃及国家博物馆作为重要文物景点，有力支撑文化旅游的发展，但是也屡屡出现安全问题。2000 年，埃及国家博物馆的失窃案震惊世界，随后的调查发现，无论是展室还是展柜都没有安装任何报警装置。据埃及中东通讯社 2010 年 8 月 23 日报道，埃及总检察长当日发出羁押令，宣布对失窃案中玩忽职守的 5 名相关工作人员实行为期 4 天的调查和羁押，其中包括埃及文化部副部长穆罕默德·穆赫辛。此前埃及政府宣布，位于首都开罗的哈利勒博物馆收藏的价值至少 5000 万美元的凡·高画作《罂粟花》，被人从画框中切割后盗走。这件珍贵文物藏品失窃的主要原因，是博物馆内安全防范不到位，“博物馆内虽然共安装了 43 个摄像头，但是被盗事件发生时，只有 7 个摄像头在工作，而且也未良好运转”[①]。

据美国艺术品失窃登记处的总经理表示，近年来，登记失窃的艺术品超过 25 万件，并且数量正在逐年增加，更为遗憾的是，只有约 5% 的失窃艺术品可以被找回。“至今全世界博物馆丢失的东西加起来恐怕超过了任何一家博物馆的收藏”。据 2010 年的最新报告，自 1976 年以来，英国是全世界艺术品失窃最多的国家，共有 53709 件艺术品遭盗窃，美国位居第二位，有 21079 件失窃艺术品登记在案，法国、意大利分别名列第三位和第四位。2010 年 5 月，法国巴黎现代艺术博物馆文物藏品失窃，失窃的作品中包括毕加索、马蒂斯、布拉克等著名画家的重量级博物馆藏品。巴黎市负责文化事务的官员称：“这是侵犯人类遗产的严重犯罪行为。”事后，法国媒体用“独行贼”形容该盗贼，而人们认为“独行贼”的所为讽刺了该博物馆如“纸”一般脆弱的安全保卫系统[①]。

还有一些博物馆馆藏文物被盗的原因，属于监守自盗或内外勾结。俄罗斯艾尔米塔什博物馆，于 2006 年发现 200 多件馆藏文物失踪，随后发现该馆馆长存在监守自盗的问题，虽然馆长已经

① 王雨檬、冯倩：《博物馆藏品缘何屡失窃》，载《中国文化报》，2010-08-26（2）。

在一次博物馆例行文物调查期间暴毙，但是她的丈夫被法院裁定盗窃罪名成立，被判入狱5年。被告承认与妻子合谋，在过去数年内偷盗博物馆内珠宝及银器，其中大部分已经被他的妻子非法走私到俄罗斯境外，而警方只能寻找到其中的30多件[①]。 美国联邦调查局的一项研究显示，80%的文物被盗案是内线作案或有内线策应。为了加强博物馆员工的文物藏品保护意识，美国博物馆协会制定了《博物馆工作人员道德守则》，要求博物馆员工具有比法律规定更高标准的道德自律，所有员工都应对文物藏品实行最高标准的保护和维护。美国博物馆在招聘工作人员时，对应聘者的背景审查非常严格。博物馆对所有的员工和访客均进行犯罪记录和严重失职记录等信息查询。

一般来讲，博物馆在招聘工作人员时，即使是招聘志愿者也要审查其背景。审查根据每个职位是否需要接触展品、是否需要接触博物馆其他贵重物品，以及与公众的接触程度三个安全级别进行。并且博物馆会对“什么人有权利进入什么地方，以及允许进入的时间”规定访问权限。同时严格执行文物库房日常管理制度，这是防止文物受损或被盗的重要保障。例如单人不可进入库房工作，文物总账和文物分类账不可由同一人管理。建立严格的文物进出库登记制度，每年一次对文物账务进行核查盘点等，都是防止麻痹大意和监守自盗的有效制度。所有博物馆员工都要接受相关安全保卫知识和技能培训，以保证熟悉博物馆的最新安保系统。对博物馆警卫进行培训更是保证博物馆安全的重中之重。博物馆警卫需要做到对周边环境时刻保持警惕，一旦发现有异常情况立即向相关部门报告，不得擅自离岗。

①《艾尔米塔什博物馆馆长监守自盗偷走200件馆藏》，载《文博资讯参考》，2007年4月，40页。

在过去的10年中，阿富汗战争、伊拉克武装冲突、斯里兰卡内战等战争和动乱，以及洪水、地震、海啸、火山爆发等自然灾害，对博物馆藏品造成了空前的破坏。特别是在战争状态下，博物馆甚至成为恐怖袭击的目标，文物藏品的安全毫无保障。伊拉克国家博物馆成立于1926年，馆藏文物多达17万~20万件，是美索不达米亚文明的重要文物收藏机构。1990年海湾战争期间，伊拉克国家博物馆及其他一些考古场所曾遭抢劫，损失2264件文物和考古发现品以及2万份珍贵手稿。

2003年美英联军轰炸伊拉克首都巴格达，战乱时不法之徒进入伊拉克国家博物馆趁乱洗劫，1.5万余件文物失窃，至今仅追回大约5000件，令国际博物馆界为之惋惜①。 这次洗劫发生在效忠于萨达姆的军队放弃在博物馆周边的抵抗之后，美军并未立即进驻博物馆进行有效防卫，而当时博物馆工作人员已经撤离，从而留出了防卫空白。事发时，一些伊拉克考古学家和博物馆工作人员曾赴美军设在首都巴格达的指挥中心，请求美军派兵保护博物馆，但是美军未予理睬。因此，人们认为美国军队对博物馆遭劫负有不可推卸的责任。同时，一些美军人员涉嫌参与盗窃文物，这从后来被追回的文物中很大一部分来自美国得到了佐证。伊拉克国家博物馆遭劫是现代社会罕见的事件，引起了国际社会的震惊与关注。

2011年5月8日晚，故宫博物院诚肃殿展厅展出的香港两依藏博物馆部分文物被盗。国家文物局于2011年5月10日向各省、自治区、直辖市文物局发出《关于切实加强文物安全工作的紧急通知》，要求各级文物行政管理部门、各文物单位务必吸取教训，引以

① 文冰：《馆藏文物保存环境应用技术研究》，载《中国文物报》，2010-11-19（10）。

为戒，切实加强文物安全工作。一是树立安全意识，时刻警钟长鸣。二是加强设施建设，提升技防水平。三是健全机构队伍，提高人员素质。四是完善应急预案，加强安全管理。五是开展安全检查，严打文物犯罪。对此故宫博物院决定修改并完善夜间应急处理预案，增加巡逻力量和班次。加强夜间警卫值班管理。加强应急预案的演练，使工作人员熟悉处置突发事件的程序和步骤，提高应急处置能力。同时，加快已有安防系统的升级改造，改善硬件设施，提升防控能力，消除防控盲点，延伸安防范围。

故宫展品被盗事故发生后，有关专家接受记者采访时指出，在内部安全防范工作中，不能过度依赖技术设备，也应重视“观念预防”，“人防物防不如心防”。故宫内部安全防范应从三方面加强。首先，应对现有的安全防范系统进行评估和规划、升级改造。故宫现有的安全防范设备从 1988 年开始建设，其间历时 10 年，存在规划不统一、设备新旧不齐等问题。要杜绝再次发生类似事件，应对现有安全防范设备进行认真摸排，并按照统一标准进行规划和升级。对故宫整体安全防范系统的评估，不但要报喜，更要报忧。其次，对故宫内部安全保卫人员应加强培训和优化组合，解决部分人员年龄偏大、对职责认识不清等问题，切实将人防与技防高效结合，使其发挥最大作用。最后，建立有效的内部安全防范方案和应急预案。同时指出，除建立主动防御的安全预案外，还应该建立发案后的快速应对预案。

目前一些盗窃、盗掘文物团伙逐渐发展成集团式作案，在盗窃、盗掘文物过程中不仅使用高级汽车、现代化通信设备等，甚至还实现了盗窃盗掘文物、运送、销售文物和走私文物出境，即盗、运、销、出境一条龙。很多盗墓团伙备有多种冷兵器，有的拥有自制枪支弹药等，伤害文物保护人员甚至公安干警的案件屡有发生[①]。

为集中严厉打击文物犯罪，遏制文物犯罪蔓延势头，2009 年 12 月，公安部和国家文物局在山西、内蒙古等 9 个省（区）部署开展“全国重点地区打击文物犯罪专项行动”。共侦破文物案件 541 起，打掉犯罪团伙 71 个，抓获犯罪嫌疑人 787 人，追缴文物 2366 件（套）。打击文物犯罪专项行动痛击了犯罪分子的嚣张气焰，一大批犯罪团伙被绳之以法，一些地区文物犯罪高发势头得到遏制，良好的文物管理秩序得以恢复。为巩固 2010 年打击文物犯罪专项行动成果，将专项行动推向纵深，2011 年 5 月，公安部、国家文物局联合部署在全国 17 个重点省区开展打击文物犯罪专项行动，其中保障博物馆安全成为重要议题，认真安排部署，并取得了阶段性成果。公安部张新枫副部长指出，今后凡是盗掘全国重点文物保护单位和省级文物保护单位古文化遗址、古墓葬，盗窃珍贵文物，倒卖国家禁止经营文物的“三类大案”，一律列为公安部和国家文物局联合挂牌督办案件。

博物馆事业是一项具有开放性的公共事业，博物馆的安全仅靠文物部门和博物馆无法完成，需要社会多方面力量的积极参与。特别是在重大事件面前，更应当统一协调整合各方面的力量实施文物保护。2011 年 5 月，经公安部和国家文物局批准，“全国文物犯罪信息中心”挂牌成立，成功研发“全国文物犯罪信息管理系统”，并在公安网正式开通运行，协调各省公安机关录入文物案件、涉案人员、涉案文物信息。目前该系统运行安全稳定，在打击、防范文物犯罪工作中的信息研判与情报支撑作用已初步显现。同时，公安部

① 王蔷：《死刑没有了　盗墓更狂了》，载《北京晚报》，2011-09-14（38）。

和国家文物局联合在西安举办“全国文物犯罪信息管理系统”数据录入工作培训班，培训各省、自治区、直辖市打击文物犯罪负责人员。尽管专项行动取得了辉煌成果，但是打击文物犯罪行动必须长期坚持。

会见美国组约大都会艺术博物馆馆长一行

大都会艺术博物馆有专门的文物安全部门和完善的危机管理体系。有效的危机管理机制对于博物馆安全至关重要。博物馆应具备高效率的早期预警系统和严格的管理措施，保证能够迅速有效地对突发事件做出反应。该馆的《文物收藏与管理规定》要求其职能部门保证文物被置于一个安全、适当的环境中，所有文物都应该在安全有效的监控之下。事实证明研究出现问题后的处理措施，是文物藏品预防性保护的重要组成部分。尽管对处于各种情况下的文物藏品预先采取了各种保护措施，但是，博物馆的特殊性和开放性使其不可避免地面临众多的风险，一旦出现问题，启动事先研究、制定的处理方案，可在最快的时间内将损失控制在最小。

故宫博物院的盗窃案件发生以后，北京警方仅用58小时就快速侦破，赢得社会赞誉。安全保卫专家分析认为，快速破案源于北京警方成功运用了快速反应模式、指纹比对系统、可疑人员基础数据采集和网络监控等综合科技手段，展现了北京警方动态环境下的安防控制能力[①]。北京警方1999年建立了国内第一套网络化指纹识别系统，2006年实现了辖区内三级应用网络化系统。到2011年4月，全市已建设500余个标准化指纹采集室，实现了人员基本信息、指纹、人像、足迹等信息的实时采集、同步上报、有效查询、限时反馈。目前，“北京市指掌纹综合信息管理系统”食指指纹库总量为219万份，与外省市共享食指指纹数据及社会人员指纹数据1900万份，指纹比对查询平均速度约为每秒50万枚，协助破获各类案件3086件。

《国际博物馆协会职业道德准则》强调，“各博物馆当局应通过并公布一份其藏品征集方针的书面说明。该方针应经常予以审议，至少每五年一次。所征集之物品应与博物馆宗旨及活动相关，并附有正当的合法所有权之证据”。文物的吸引力源于人们对文物背后的母体文化的认同感。然而，由于战乱、文革、盗掘盗卖、私人捐赠等种种原因，大量文物脱离其文化母体地区，成为文化上的“孤魂野鬼”。目前我国博物馆中的许多馆藏文物脱离了原文化母体地区，例如，一些历史上的名人物品，流入某个与该名人毫无任何文化关联的地区博物馆，且成为游离于该博物馆主题之外的落单藏品。在这种情况下，这种脱离其文化母体的落单藏品要么很难被展出、很难与观众见面；要么展出后很难引起该博物

①《北京警方快速侦破故宫展品失窃案展现实力》，载《国内动态清样》，2011（1972）。

馆主流观众的文化认同。

近年来，国际领域关于涉案文物的追索问题演变得日趋复杂。2002 年 12 月 11 日，美国的大都会艺术博物馆、德国的柏林国家博物馆、意大利的乌非奇美术馆、西班牙的普拉多博物馆、荷兰的阿姆斯特丹国立博物馆、俄罗斯的艾尔米塔什博物馆和法国的卢浮宫艺术博物馆等 7 国 18 家博物馆的馆长，在德国慕尼黑联合发表了一项《关于普世性博物馆的价值及重要性的宣言》，该宣言认为，“长期以来，无论是通过购买还是通过捐赠等形式获得的文物已经成为保存它们的博物馆的一部分，并已延伸成为它们所在国家的遗产的一部分。今天，我们对作品的原生背景十分敏感，但我们也不应忽视一个事实，那就是博物馆也为那些很久以前就脱离了其原生环境的作品提供了一个有效和有价值的环境”。

这一宣言还强调“呼吁归还多年来一直由博物馆收藏的文物已经成为博物馆面临的一个重要问题。虽然需要针对个案具体分析，但是我们应该承认，博物馆不只是为某一个国家的公民服务，还为每一个国家的公民服务。博物馆是文化发展的媒介，它的使命是通过一个不断的诠释进程来增进知识，每一件文物都服务于这个进程。对藏品丰富多元的博物馆的收藏重点进行限制就将是对所有观众的损害”。由于这份宣言的主要签署者是世界上一批举足轻重的博物馆的馆长们，因此更为引人关注。为了表达共同立场、防止出现多米诺骨牌效应，这批具有普世性收藏的博物馆经过深思熟虑，在岁末年终抛出了这一宣言。该宣言发表后，遭到了国际社会和博物馆界的反对与批驳，甚至一些同样具有普世性收藏的欧美博物馆也表达了不同意见。

人们认为，对于任何一个国家的民众而言，只有通过“花钱买票”的方式才能在别国的博物馆里看到原本属于自己国家的文物，是一件极不合理的事，任何一个有良知的人在感情上都无法接受。由此引发对于文化遗产返还这一问题的思考[①]。我国有关专家也纷纷发表看法，例如谢辰生先生认为：文物，只能共享，不能共有。罗哲文先生认为：对流失海外文物也要区别对待：一是历史上赠送的；二是抢去的，也有连骗带抢的，例如敦煌文物；三是非法买卖、盗掘出境的。针对不同途径流失的文物，应有不同的处理方式。苏东海先生更是多次撰文指出：对民族文化情感的尊重是一种真正的普世胸怀。强权者的逻辑在于巩固历史的不平等，而受害者的逻辑在于改变不平等。这涉及民族文化完整性的问题。

文化遗产具有民族专属性、普世价值性和历史传承性等特点，对流失文物，应当尊重民族的专属权利，承认普世的价值特性，坚持交流的道德标准，正视历史的传承经历。毫无疑问，流失海外的文物理应回归故里。对于历史上被盗窃、被掠夺的文物，原则上都应该通过追索行动实施返还。但是在具体操作上，必须通盘考虑、统筹规划，大处着眼、小处着手，尽量避免过于情绪化的认识和过于简单化的处理。一方面应按照国际公约的规定，由政府发挥主导作用，以公约和相关国家的国内法律为依据，通过外交途径积极进行追索；另一方面可以充分发挥民间机构的积极作用，以道德为依据，以舆论为后盾，寻找机会、创造机会、把握机会，宜持之以恒，个案处理。

联合国教科文组织《关于保护可移动文化财产的建议》指出，“有关艺术品和其他文化财产的犯罪在一些国家正日益增加，最为常见的是同跨境欺诈性转移相联系。盗窃和抢劫是经系统组织的

① 王悦：《处于不同归还背景范围内的文化遗产的返还》，载《中国纪念馆》，2011（1）。

并且是大规模的。野蛮破坏行为也在日益增加。为了同这些形式的犯罪活动做斗争，不论其为有组织的或是个人的行动，需要有严格的管制措施。由于赝品能够用于真品的盗窃或假冒调换，亦必须采取措施以防止其流通”。《国际博物馆协会职业道德准则》则强调，“就出土物品而言，除上述保护规定之外，博物馆不应以购买方式征集那些凡管理机构或负责官员有理由认为其发现涉及古迹、考古遗址的非科学性发掘、蓄意破坏或损坏，或涉及未向该土地所有者、占有者、相应的立法或政府当局做出说明的出土物品”。

国际博物馆协会副主席 A. 加拉 (A.Galla) 在《走向 2010：国际博协与中国的战略合作》一文中指出，“伴随着旅游业的发展和 WTO 的市场开放，人类面临着一系列新的挑战：非法贩运人口、毒品、武器、洗钱，特别是艺术和文化财产的非法转移。这些非法活动在全球经济中市值高达 290 亿美元。文化遗产的非法转移，正在腐蚀着许多重要遗产的多样化、文化的多样性，而这些多样性恰恰是一个多样性世界的重要元素。随便浏览一下互联网，人们可以轻而易举地发现，这些行为正在明目张胆地进行着，而这些非法贩运的艺术和文化财产的目的地大部分集中于北美和西欧。遗产的非法贸易是全球性的，我们的社会也深陷其中”。“只有人类最大限度地减少这种掠夺和贪欲者，对这种无视与轻蔑其他文化的行为亮出鲜明的态度，我们才有可能为实现人类的和谐发展与国际合作做出自己的贡献”[①]。

世界上第一支专门追索艺术品盗贼与赃物的劲旅，是成立于

① 阿马尔·加拉：《走向 2010：国际博协与中国的战略合作》，载《中国博物馆》，2006（3），11 页。

1969年的意大利艺术遗产防护指挥部（TPA）。迄今为止，该部门的侦查人员已经追回15万件馆藏文物以及超过30万件被盗掘的考古珍品。该部门拥有一个庞大而翔实的资料库，所有被盗文物档案资料全部记录在案。一旦某件失踪的文物出现在文物市场上或某个商贩手中，这些精确的档案文件便是确认赃物的最权威的信息。同时，该部门中执行外勤任务的工作人员，每天都在系统地监视全意大利文物艺术品交易活动，并将待售的文物拍成照片发回总部，随后专家们将照片与资料库电脑里的资料进行对比，以便判断是不是被盗文物。

《国际博物馆协会职业道德准则》强调“针对公共及私人藏品的非法物品交易怂恿了对历史遗址、地方民族文化的破坏，怂恿了国内与国际性的盗窃，怂恿了对濒危动物、植物物种地区的破坏，并与国家及国际遗产保护精神背道而驰”。2010年11月9日，国际博物馆协会在上海世博中心公布了《中国濒危文物红色目录》。颁布红色目录是国际博物馆协会为增强各国文物保护意识、打击文物犯罪、加强国际合作而推出的一项措施。该目录旨在帮助博物馆、收藏者、文物艺术品交易商、海关和其他执法人员甄别非法出境的中国文物。其中展示了非法交易中常见的十余类中国文物的典型器物图片，并公布了疑似非法文物举报电话、电子邮箱和传真。

近代以来，由于战争劫掠、非法交易等原因，我国文物大量流失海外。中华人民共和国成立后，我国政府建立起文物进出境审核制度，同时坚决打击文物盗窃、盗掘和走私贩运行为，并积极参与国际合作，然而当前文物安全形势依旧十分严峻。《中国濒危文物红色目录》的出版既可帮助相关人员鉴别文物，方便他们与我国政府沟通，同时有利于提高博物馆与公众保护文物的主动性和积极性。它们被应用于国际海关、刑警组织和教科文组织，同时也向公众进行宣传推广。红色目录分为两种类型：一种是通常状态下出版的目录；一种是在战争、地震等因素极大威胁到文物安全的情况下紧急出版的目录[①]。

① 李艳：《国际博协发布〈中国濒危文物红色目录〉》，载《中国文物报》，2010-11-13(1)。

“平安故宫”的第一年①

（2013 年 12 月 25 日）

久经沧桑的紫禁城如何永葆生机，安全重于一切的故宫如何根除隐患，五千年文化如何反哺当今社会，昔日皇家禁地如何更好地体现现代博物馆社会职能，这是我到故宫博物院工作以来一直思索的问题。为了寻找解决这些问题的答案，我首先开始了“三走访”。一年多来，一是走访了近百位前辈，求教于各领域的专家；二是走访了每一个部处，问计于不同岗位的员工；三是走访了紫禁城对外开放和尘封多年的九千间房屋，实地感受千差万别的现状。吸纳真知灼见，凝聚各方智慧，提出实施“平安故宫”工程目标。如果说 2012 年是酝酿梦想的年份，那么 2013 年就该被标记为实现梦想的开端。回首即将结束的 2013 年，可以发现，近 600 年的紫禁城和近 90 年的故宫博物院，正在发生新的变化。

今年，故宫博物院迎来了“平安故宫”工程开始实施的一年。“平安故宫”工程的七个子项目均有所进展。一是北院区项目，正在进行征地前期准备，在原有用地上规划建设的宫廷园艺中心已于近日开工；二是地下文物库房改造工程方案，已经获文物管理部门的批准；三是基础设施改造工程，在继续深化设计的同时，已经开展考古勘探工作，市政管线综合走廊将于近日开工建设；四是世界文

① 此文发表于《故宫人》2013 年 12 月 25 日。

化遗产监测项目，文物建筑、环境质量、游客动态、馆藏文物等 10 个监测方面全面展开，涵盖了故宫文化遗产的方方面面；五是故宫安全防范新系统项目，继中心控制室竣工以后，完成了文物藏品全时空技术防范工程方案设计，正在开展视频监控系统无缝隙加密工程；六是院藏文物防震项目，已经完成第一期文物防震评估工作，正在实施文物藏品防震囊匣和密集柜配置工程；七是院藏文物抢救性科技修复保护项目，积极引进非物质文化遗产传承人，已经建立起木器文物家具、车马轿舆、中和韶乐等文物修复工作室，文物保护综合用房工程即将开工建设。每个阶段性成果的收获，无疑为故宫博物院多添了一份安全，向“平安故宫”更迈进了一步。

世人皆叹紫禁城之壮美，永葆其庄严肃穆的隽永之姿是故宫人的使命。为此提出“把壮美的紫禁城完整地交给下一个 600 年”的目标。今年又有九项古建筑维修工程开工。开展古建筑修缮的同时，我们也在加强古建零修岁修工作，注重对古建筑群屋顶、墙体和地面的日常保养和维护。同时，通过实施多项举措，如车辆不再穿行开放区域、紫禁城内全面禁烟、禁带火种进入故宫博物院、引入社会安保机制等，致力于根除观众踩踏、火灾、盗灾等安全隐患，为古代建筑、文物藏品、观众群体构筑起一道又一道安全防线。未雨绸缪，保护好古建筑机体，让其延年益寿。对于与紫禁城整体文化氛围不相协调的彩钢房和花房及时予以拆除。相信经过 8 年的努力，到 2020 年，即紫禁城建成 600 年之时，文化遗产的真实性和完整性将得到更加清晰的呈现，故宫世界文化遗产更有尊严。

今年，故宫研究院和故宫学院的成立，是故宫博物院在学术研究和人才培养方面的大事，是故宫博物院实现可持续发展的重要举措。故宫研究院将是一个令人尊敬的学术研究机构。希望在社会各界的共同努力下，故宫研究院呈现出独立的学术精神和包容的学术思想，真正成为专家学者的学术园地，始终走在世界学术研究的最前沿。扎扎实实为故宫文化遗产保护与故宫博物院发展、为中华优秀传统文化的永续传承贡献出独具的力量。故宫学院作为独具特色的教育机构，立足于健全员工培训体系，探索适应故宫博物院员工特点的培训模式与机制。同时，搭建起公众文化传播的平台，走进高等院校和中小学课程，提高公众对文化遗产的认知水平、鉴赏水平和审美能力，弘扬中国传统文化的精髓，传递文化遗产保护的正确理念。

故宫博物院专业保安队伍

故宫博物院是世界上迎接观众最多的博物馆，去年观众人数达到 1530 万人。每当走在开放路线，看见观众们摩肩接踵时，都会思考如何缓解拥堵的问题。今年，开始对午门—端门区域服务设施进行了总体提升，对神武门外的警卫工作室、门洞内的存包处也进行了位置调整。看似简单的改变却产生了立竿见影的效果，参观秩序大为改观，观众更有尊严，游览更为舒适，排队购票的时间大大缩短，出入更加通畅，看到这些变化心情也畅快了许多。扩大开放面积，增加展示空间是缓解人流压力的重要举措。目前，午门—雁翅楼展厅、端门城楼数字博物馆、东华门古建筑馆、慈宁宫雕塑馆、寿康宫原状陈列展室等，正在按计划筹备当中。它们将在故宫博物院90周年院庆时精彩亮相，向公众展示从未开放过的神秘空间。

回首一年来的工作，每一项举措的出台都来自反复的调研和论证，每一项举措的实施都凝聚着全体员工的努力和坚持，来自社会公众的理解和支持。每当想起开放安全一线员工寒来暑往中坚守岗位，不同岗位同人们各司其职、各尽其责……就觉得有无数双手在全力推着故宫博物院前进。心中充满温暖和期待，故宫博物院的明天一定更美好！

关于设立中国书画保护重点科研基地的提案[①]

（2014 年 3 月）

中国书画是中华民族的艺术瑰宝，也是世界文化遗产的重要组成部分。作为中国历史文化传承的重要载体，中国书画具有东方民族的鲜明艺术特点，体现出创作者对艺术的理解和表现能力，给后代人带来非凡的艺术享受。如何科学妥善地保护好历代中国书画文物，是一个重要而艰巨的课题，也是文物保护工作者不可推卸的责任。

目前，历代中国书画保护研究较为分散，保护形势不容乐观。一是中国书画文物材质脆弱，保护难度较大。中国书画分纸本和绢本，存在问题首先是纸和丝织物的虫蛀、霉变和糟朽。由于有机质地的艺术品机械强度不高，再加上历代中国书画装裱工艺中长期使用明矾，带来纸张酸化、变脆等问题，容易发生意外撕扯、开裂、折损等状况。其次是传统书画保护技术、技法的相关研究缺乏科学和系统总结，以及在此基础上的科学技术支撑。包括书画绘画材料的选择、装裱技术的技术特点、书画传统保护技术的分析与解析等内容，都缺乏认真系统的科学研究总结，直接导致相关的科学技术难以与传统技术有效结合。再次是中国书画保护领域的机构和专业人员匮乏。目前，只有在一些大型博物馆才有少量从事中国书画保护的专业人员，多以传统装裱修复人员为主。最后是缺乏全国性的

① 此文为在全国政协十二届二次会议上的提案。

书画保护科研平台、合作机制和技术指导机构，保护修复难以获得技术支持和资金方面的保障。

英国大英博物馆书画修复

上述任何一类问题都对应大量需要妥善保管和正确保护处理的中国书画藏品。目前发生病害的历代中国书画数量和破坏程度缺乏全国范围的调查统计，相关的保护研究更没有系统深入地进行，导致保护领域的方法缺乏改进与创新。设立中国书画保护重点科研基地的意义和作用在于：一是在了解全国中国书画保护总体情况的基础上，明确目前存在的主要问题和难点，确定中国书画保护领域近期和长期目标；二是以国内外现有研究成果为基础，应用先进的科学技术，借助科研基地的平台和影响力，复原相关的传统工艺材料与技术，同时引领国内传统书画保护技术的深入解析与发掘；三是客观总结传统技术特点，并予以科学传承和合理改进；四是应用相关领域的新技术，促进书画保护修复的新领域和新方向的发展；五是充分发挥中心辐射作用，与国内外文物博物馆、科研单位共同培养中国书画修复人才，合作开展课题研究，带动全国中国书画保护和修复科研水平的提高。

因此有必要设立中国书画保护重点科研基地，更加系统和深入地研究这一课题，提高中国书画，特别是中国古代书画保护的水平和能力。故宫博物院在历代中国书画保护方面拥有现实优势。一是故宫博物院拥有近16万件中国古代书画藏品，约占世界公立博物馆所藏中国古代书画的1/4。其中，绘画类藏品54676件，法书类藏品75317件，碑帖类藏品29573件。这些藏品上迄晋唐，下到明清，还有相当数量的现当代书画藏品，无论从数量上，还是质量上，均堪称世界博物馆同类藏品之最，是故宫博物院180万件文物藏品中的重要组成部分。二是在中国古代书画的研究方面，故宫博物院拥有专家队伍这一传统优势。目前故宫书画专家在国内外具有相当广泛的影响力。在研究的方向上，故宫博物院历来注重古代书画的真伪鉴别，注重考据，有独特的研究方法和丰硕的研究成果。新一代的故宫学者多受过专业学术训练，同时继承老一代故宫专家的学术传统，刻苦钻研，不断探索新的研究方法和角度，并具有国际的学术视野，注重中国古代书画的修复和保护。

几十年来，一代代故宫专家学者一直致力于珍贵中国书画藏品的保护，在传承古法和科技创新方面做了大量的工作，积累了丰富的经验。多年来修复了《兰亭序》《清明上河图》《游春图》《五牛图》和《韩熙载夜宴图》等国宝级书画作品以及十余万件故宫博物院和其他博物馆的中国书画文物。故宫博物院既有一批造诣较高的中国书画研究学者，也有一批技艺精湛的书画装裱和修复专家，还有一批从事文物材质分析和科学保护处理的科技人员。近年来，故宫博物院将现代科技与传统技艺相结合，在颜料、纸张、墨、印泥的分析（含无损分析）与虫霉防治、保存环境、传统工艺的深入解析与改进等相关领域开展了一系列研究工作，取得了较为丰富的研究成果。故宫博物院古书画装裱修复技艺与研究在国内处于领先位置，并在国际上极具影响力。故宫博物院先后被授予可移动文物技术保护设计甲级资质、可移动文物修复一级资质。古字画装裱修复技艺和古书画临摹复制技艺，双双被列入国家非物质文化遗产名录。

为此，建议在故宫博物院设立中国书画保护重点科研基地，依托故宫博物院丰富的历代中国书画藏品、雄厚的传统修复基础、先进的科学分析仪器、经验丰富的科研力量、丰富的保护修复案例与示范作用，与国内外博物馆建立战略协作关系，培养一批中国书画装裱人才，促进解决全国性的难点问题，带动中国书画保护修复领域的发展与提高，同时推动传统书画保护修复技术在世界领域的科学发展。

关于建设国家古代文物藏品保护技术研究中心的提案①

（2014 年 3 月）

近些年来，我国古代文物藏品科技保护有较大的发展，保护技术手段，从传统而简单的文物部件的替换甚至重做，到自然科学方法的初步介入，再到各种方法的严格筛选等科学技术保护评价体系的建立。文物藏品的科学分析，也从简单的实物观察，发展到各类物理化学分析设备的引进使用。在这一过程中，文物科技保护人员遵循文物藏品保护的基本规律，抢救和保护了大批珍贵的古代文物藏品，成绩卓著，硕果累累，同时也造就了一批享誉中外的文物保护专家，为我国的文物博物馆事业做出了重要贡献。

时代在前进，科技在发展，古代文物藏品保护技术也在与时俱进。文物藏品保护是一门科学性和技术性很强的学问，既要强调高新技术，更要重视传统工艺。我国大部分传统工艺本身就是优秀的非物质文化遗产，需要加大保护力度。随着工业化进程的加速，目前部分传统工艺、技术、材料濒临失传，因此在古代文物藏品保护中加以传承迫在眉睫。我们有责任也有义务做好这项工作，在弘扬传统工艺、技术、材料的基础上，吸收现代科学技术发展的最新成果，来解决古代文物藏品保护方面的疑难问题，实现文化遗产永久保存、永续利用的目的。如何在古代文物藏品保护中把传统工艺和现代科技有机地统

① 此文为在全国政协十二届二次会议上的提案。

一起来，这是十分重要的课题，也是今后的努力方向。

目前，应用科学技术实施文物藏品科技保护存在一些突出问题，例如科学技术意识有待提高，在文物藏品的调查、发掘、保护、研究、展示和传播中存在忽视合理运用科学技术的倾向，甚至认为文物藏品科技保护不是一门学科，而仅是一种业务技术工作。因此，存在科学研究基础设施不完善、运行机制和管理体制不适应等体制性和机制性障碍，使大量实用技术停留在一般性应用层面，而高新技术的引进和利用显然不足，导致文物藏品保护科学技术的发展难以适应文物保护事业的需求，更缺少能够承担中国古代文物藏品科技保护的国家基地。

同时，古代文物藏品科技保护工作还存在一些有待解决的问题。例如由于古代文物藏品种类复杂多样，针对各类文物的示范性、科学保护方法规程尚未建立和成熟。对于各类器物的修复，主要凭借修复人员的个人经验把握，文物藏品科技保护处理效果的科学评价缺乏成熟的标准。文物藏品的无损分析领域目前是国际上正在迅速发展的研究领域，而在国内尚未建立起成熟的适合古代文物藏品的无损分析平台，特别是脆弱文物藏品的无损检测缺乏成熟技术的引进和示范案例。古代文物藏品保护科研和修复人员严重不足，缺乏成熟的专业技术培训和长时间的实践积累，因此高水平专业人员长期匮乏的局面尚未改观。

为此，我国应建立强大的国家古代文物藏品保护技术研究中心。在我国的博物馆和文物收藏机构中保存有数以千万计的中国古代文物藏品，还有数量更为巨大的中国文物收藏和散落在民间，也有数以百万计的中国古代文物藏品收藏在世界各地的博物馆，因此，中国古代文物藏品科技保护和修复的巨大需求客观存在。故宫博物院应该承担中国古代文物藏品抢救保护的国家责任。

故宫博物院所拥有的180余万件文物藏品中，上百万件需要进行修复和采取预防性保护措施。针对大量文物藏品濒临腐蚀、锈蚀等严重自然损坏状况，亟须建立大型综合性的文物藏品修复平台，以现代科技与传统技艺、院内人才与社会力量相结合，对古代文物藏品进行全面和持续不断的抢救性和预防性的科技保护。

故宫博物院文物藏品修复保护

目前，故宫博物院西河沿文物保护综合业务用房已经开工建设，建设规模为13000平方米，建成以后文物科技保护人员的工作条件和精密科研仪器设备的工作环境，将得到有效改善。在此过程中加紧策划建立各种类别的文物藏品修复工作室，购置必要的先进仪器设备、珍贵的文物藏品保护材料，强化科技保护人员培养，分轻重缓急做好文物藏品保护修复计划，使西河沿文物保护综合业务用房竣工后及时发挥应有功能。同时，在故宫博物院北院区的建设方案中，规划有30000平方米的文物藏品科技保护设施和配套库房。努力建设成为世界上最具实力的中国文物藏品科技保护平台，特别是数量众多、体量较大的文物藏品也可以在这里得到系统的保护研究。通过古代文物藏品科技保护平台建设，一批非物质遗产项目将得到有效保护传承，一批非物质遗产传承人的特殊技能也将得到弘扬。

为此建议：依托故宫博物院，联合相关文物保护科研机构和高等院校，共同组建国家古代文物藏品保护技术研究中心。

故宫博物院文物藏品修复保护

国家古代文物藏品保护技术研究中心应站位世界文物保护领域前沿，坚持科技保护项目对社会开放，支持和鼓励国内外高等院校、科学研究机构等一切可以为中国文物藏品保护提供支持和有所贡献的力量，平等参与承担科技保护计划和项目，联系组织世界领域的文物保护领域专家进行重点古代文物藏品保护难点问题的研究，并不断取得成果。以当前古代文物藏品科技保护重大需求为导向，以重点解决科学技术的热点、难点和瓶颈问题为核心，积极推动文物保护事业的不断进步。